대한민국을 위한
에너지정책 길라잡이

대한민국을 위한 에너지 정책 길라잡이

초판 1쇄 발행 2025년 11월 1일

글 쓴 이	문주현·심형진·윤병조·윤종일·이정익·이현철
	정동욱·정범진·정용훈·정재준·조형규·주한규·최성민
감　　수	노동석
발 행 인	한국원자력학회
편　　집	한영미
디 자 인	김소영
전 자 책	서보미
마 케 팅	권보송
발 행 처	도서출판 행복에너지
출판등록	제315-2011-000035호
주　　소	(157-010) 서울특별시 강서구 화곡로 232
전　　화	0505-613-6133
팩　　스	0303-0799-1560
홈페이지	www.happybook.or.kr
이 메 일	ksbdata@daum.net

값 17,000원

ISBN 979-11-994420-7-8 (93350)

Copyright ⓒ 문주현 외 13인, 2025

* 이 책은 저작권법에 따라 보호받는 저작물이므로 무단전재와 무단복제를 금지하며, 이 책의 내용을 전부 또는 일부를 이용하시려면 반드시 저작권자와 〈도서출판 행복에너지〉의 서면 동의를 받아야 합니다.
* 잘못된 책은 구입하신 곳에서 바꾸어 드립니다.

도서출판 행복에너지는 독자 여러분의 아이디어와 원고 투고를 기다립니다. 책으로 만들기를 원하는 콘텐츠가 있으신 분은 이메일이나 홈페이지를 통해 간단한 기획서와 기획의도, 연락처 등을 보내주십시오. 행복에너지의 문은 언제나 활짝 열려 있습니다.

기후위기와 AI 혁명 시대, 대한민국 에너지의 미래를 묻다

대한민국을 위한 에너지정책 길라잡이

글쓴이
문주현 (단국대 에너지공학과)
심형진 (서울대 원자핵공학과)
윤병조 (부산대 기계공학부)
윤종일 (KAIST 원자력및양자공학과)
이정익 (KAIST 원자력및양자공학과)
이현철 (부산대 기계공학부)
정동욱 (중앙대 에너지시스템공학부)
정범진 (경희대 원자력공학과)
정용훈 (KAIST 원자력및양자공학과)
정재준 (부산대 기계공학부)
조형규 (서울대 원자핵공학과)
주한규 (서울대 원자핵공학과)
최성민 (KAIST 원자력및양자공학과)

감수
노동석 (서울대 원자력정책센터)

CONTENTS

머리말 ⋯ **6**
요약문 ⋯ **8**

제1장 에너지의 중요성과 현황

1.1 에너지의 중요성 ⋯ **14**
1.2 미래 글로벌 에너지 ⋯ **16**
1.3 글로벌 에너지 정책 동향 ⋯ **18**
1.4 우리나라 에너지 소비 현황 ⋯ **20**
1.5 에너지 믹스 ⋯ **22**
1.6 에너지 섬인 대한민국의 전기 공급 문제 ⋯ **24**
1.7 대한민국의 제한된 에너지 자원 − 화석에너지, 재생에너지, 원자력 ⋯ **26**

제2장 기후변화와 무탄소 에너지원

2.1 기후위기와 온실가스 ⋯ **30**
2.2 글로벌 탄소중립 협력 ⋯ **32**
2.3 우리나라의 온실가스 배출 문제 ⋯ **34**
2.4 에너지원별 생애주기 이산화탄소 배출 ⋯ **36**
2.5 태양광 발전 ⋯ **38**
2.6 풍력 발전 ⋯ **40**
2.7 원자력 발전 ⋯ **42**
2.8 무탄소 신전원 및 탄소 포집 ⋯ **44**

제3장 탄소중립과 AI 시대를 위한 에너지 정책

- 3.1 우리나라 에너지 관련 계획 ⋯ **48**
- 3.2 에너지 정책의 특성 ⋯ **50**
- 3.3 재생에너지의 간헐성 문제와 에너지저장시스템(ESS) ⋯ **52**
- 3.4 에너지의 진짜 가격, 시스템 균등화 발전단가 (System LCOE) ⋯ **54**
- 3.5 원자력 발전의 탄소중립 기여도 ⋯ **56**
- 3.6 AI 데이터센터를 위한 에너지 ⋯ **58**
- 3.7 최적의 에너지 믹스 ⋯ **60**
- 3.8 무탄소 에너지 지원제도 구축 ⋯ **62**
- 3.9 2050 탄소중립과 AI 시대를 위한 에너지 정책 수립 시 유의사항 ⋯ **64**

부록 원자력 팩트 체크

- A1 우리나라에는 원자력이 꼭 필요하다는데 사실인가? ⋯ **68**
- A2 원자력 르네상스가 다시 온다는데 사실인가? ⋯ **70**
- A3 소형모듈원자로(Small Modular Reactor, SMR) 개발이 세계적인 흐름인가? ⋯ **72**
- A4 우리나라의 원자력산업은 경쟁력이 있나? ⋯ **74**
- A5 원전 추가 수출이 가능한가? ⋯ **76**
- A6 원자력 발전은 안전한가? ⋯ **78**
- A7 우리나라 원전은 안전한가? ⋯ **80**
- A8 후쿠시마·체르노빌 원전 사고는 왜 발생했나? ⋯ **82**
- A9 사용후핵연료가 아주 많다던데 사실인가? ⋯ **84**
- A10 사용후핵연료 처분 기술이 없다는데 사실인가? ⋯ **86**

머리말

"기후위기와 AI 혁명 시대, 대한민국 에너지의 미래를 묻다"

최근 인류는 전례 없는 기상이변을 경험하고 있습니다. 올여름 남유럽은 섭씨 40도를 넘는 극한 폭염으로, 중국과 미국은 기록적인 폭우와 홍수로 막대한 피해가 발생했습니다. 우리나라 역시 때 이른 폭염에 시달렸습니다. 일부 논란이 있으나, 기상이변의 주요 원인이 인류가 배출한 온실가스에 따른 기후변화라는 데 절대다수의 과학자가 동의하고 있습니다. 현실로 다가온 기후변화 대응의 시급성에 대해서는 전 세계가 더 이상 이견을 제기하지 않습니다.

동시에 인류는 'AI(인공지능) 혁명'이라는 문명사적 대전환의 시기를 맞이했습니다. AI는 산업, 경제, 그리고 우리의 일상을 근본적으로 재편하고 있으며, 국가의 흥망을 좌우할 핵심 의제로 부상했습니다. 그런데 이 거대한 혁신은 막대한 전력을 필요로 합니다. AI 데이터센터 한 곳이 사용하는 전력은 수십만 가구의 소비량에 맞먹으며, AI 기술이 고도화될수록 전력 수요는 폭발적으로 증가할 것입니다. 따라서 안정적 전력 공급은 AI 시대의 절대 조건입니다.

여기에 러시아-우크라이나 전쟁을 계기로 그 중요성이 다시 확인된 '에너지 안보' 문제까지 더해져, 우리는 지금 '기후위기 대응', 'AI 혁명 선도', '에너지 안보 확보'라는 삼중고(三重苦)에 직면하고 있습니다. 이 세 가지 과제는 서로 얽혀 있어 어느 하나도 소홀히 할 수 없습니다. 우리는 과연 이 복합적 난제를 현명하게 돌파하여 지속 가능한 미래를 열어갈 수 있을까요?

저희 집필진은 오랜 연구와 현장 경험을 바탕으로, 이 삼중고를 해결할 가장 현실적이고 강력한 해법은 안정적인 무탄소 전원인 원자력과 청정에너지원인 재생에너지를 조화롭게 활용하는 것이라고 확신합니다. 원자력은 24시간 중단 없이 대규모 전력을 공급하는 든든한 기반이 되고, 재생에너지는 우리 에너지 시스템의 청정성을 강화하는 핵심 축이 될 수 있습니다.

이러한 인식은 이미 세계적 흐름으로 자리 잡았습니다. 미국, 영국, 중국 등 주요국들은 원자력과 재생에너지를 동시에 확대하는 정책을 펼치며 '원자력 르네상스'를 이끌고 있습니다. 개발도상국들 역시 자국의 상황에 맞는 최적의 에너지 믹스를 찾기 위해 노력하고 있습니다.

    이와 같은 흐름은 세계 최고 수준의 원전 기술력을 보유한 대한민국에 더없이 중요한 기회입니다. 그러나 우리의 에너지 정책이 균형을 잃고 한쪽으로 치우쳐 원자력의 역할을 축소하거나 변동성이 큰 재생에너지에 주로 의존한다면, 전력 공급 불안정과 전기요금 인상이라는 문제에 직면할 수밖에 없습니다. 이는 안정적인 전력을 기반으로 하는 반도체, 자동차 등 핵심 수출 산업의 근간을 흔들고, 결국 국민 모두에게 막대한 부담을 지우는 결과로 이어질 것입니다.

    우리나라의 전력은 오랫동안 '값싸고 품질 좋은 전기'로 불리며 산업 경쟁력의 든든한 버팀목이 되어 왔습니다. 그러나 불과 3년 사이 산업용 전기요금이 70%나 급등하면서 이러한 장점은 빠르게 희석되고 있습니다. 2024년 12월 기준 우리나라 산업용 전기요금(190.4원/kWh)은 미국(121.5원/kWh)과 중국(129.4원/kWh)을 크게 넘어섰습니다. 저렴한 인건비의 중국, 높은 노동생산성의 미국과 경쟁해야 하는 우리 산업이 '높은 전기요금'이라는 족쇄까지 차게 된 것입니다.

    대한민국의 미래를 준비할 시간은 많지 않습니다. 저희가 다시 펜을 든 이유도 바로 이러한 절박함 때문입니다. 저희는 지난 2021년 『**대통령을 위한 에너지 정책 길라잡이**』를 통해 탈원전 정책의 위험성을 경고하고, 균형 잡힌 에너지 정책을 제언한 바 있습니다. 이제 저희는 더욱 거세진 기후위기와 AI 혁명의 파고 앞에서, 원자력과 재생에너지의 조화라는 해법을 다시 한번 제시하고자 합니다.

    이 책이 정책 입안자들께는 합리적이고 실용적인 정책 수립의 나침반이 되고, 국민 여러분께는 원자력과 재생에너지가 모두 우리의 소중한 자산임을 이해하는 계기가 되기를 바랍니다. 그리고 이를 바탕으로 '지속 가능한 에너지 강국', 'AI 시대를 선도하는 대한민국'을 함께 만들어 가는 동력이 되기를 바랍니다.

    부디 저희의 간절한 외침이 공허한 메아리로 그치지 않고, 이 작은 노력이 대한민국의 빛나는 미래를 여는 데 보탬이 되기를 소망합니다.

2025년 10월

저자 일동

요약문

제1장 에너지의 중요성과 현황

현대 사회에서 에너지의 중요성은 아무리 강조해도 지나치지 않다. 여러 에너지 가운데 전기는 사용이 편리하고 활용도가 높아, 앞으로 사용량이 더욱 늘어날 전망이다. 특히 최근 AI 데이터센터와 같은 초대형 디지털 인프라의 확산으로 전력 소비는 폭발적으로 증가할 것으로 예상된다.

2021년 국제에너지기구IEA는 2050년 탄소중립을 달성하려면, 전 세계 전력 수요가 2020년의 약 2.6배로 증가해야 한다고 전망했다. 재생에너지는 연평균 5% 이상 지속적으로 성장해야 하며, 다른 무탄소 에너지원인 원자력도 대폭 확대되어야 할 것으로 예상했다.

원자력은 '고밀도, 24시간 가동, 최소 부지'라는 장점 덕분에 탄소중립을 위한 핵심 전원으로 부상하고 있으며, 많은 나라가 그 가치를 재평가하고 있다. 2023년 '제28차 유엔기후변화협약 당사국회의 COP28'에서는 25개국이 2050년까지 원전 용량을 현재 수준의 3배로 확대하자는 선언[1]에 서명했다.

전기는 다른 에너지와 달리 생산되는 동시에 소비되어야 하는 특성이 있어, 공급과 수요가 매 순간 일치해야 한다. 유럽 국가들은 전력망이 상호 연결되어 있어 전기가 남거나 부족할 때 실시간으로 교환할 수 있다. 그러나 우리나라는 전력망이 외부와 고립된 '에너지 섬'과 같아, 전력 수급 문제를 반드시 국내에서 해결해야 한다. 또한 안정적인 전력 공급을 위해서는 공급예비율을 적정 수준 이상으로 유지해야 한다.

전기 생산에는 다양한 에너지원이 사용되며, 각각 장단점이 있다. 세계 각국은 자국의 환경에 맞춰 전기를 안정적으로 공급하기 위한 최적의 에너지원 조합, 즉 '에너지 믹스Energy Mix'를 구성한다.

현재 우리나라가 이용하는 에너지원은 석유, 석탄, LNG 등 화석연료와 태양광, 풍력, 수력 등 재생에너지, 그리고 원자력이다. 우리나라는 석탄, 석유, LNG를 전량 수입하며, 재생에너지 발전 또한 녹록지 않은 여건이다. 반면 원자력은 화석연료보다 연료 비축이 용이하고 에너지 밀도가 100만 배 이상 높아, 국토가 좁고 에너지 수요가 많은 우리나라 여건에 가장 적합한 에너지원이다.

---

1. 넷제로 뉴클리어 이니셔티브(Net-Zero Nuclear Initiative) 선언

제2장 기후변화와 무탄소 에너지원

세계 곳곳에서 빈발하는 기상이변의 원인으로 지구 온난화가 지목되고 있으며, 이는 인류가 배출한 온실가스 때문으로 밝혀졌다.

2018년 10월, UN '기후변화에 관한 정부 간 패널IPCC'은 지구 평균온도 상승 폭을 산업화 이전 대비 1.5℃ 내로 제한하기 위해, 2050년까지 '탄소중립'(탄소 순배출 제로)을 달성해야 한다는 특별보고서를 발표했다. 현재 우리나라를 포함한 세계 134개국이 2050년 탄소중립을 선언했으며, 중국 등 일부 국가는 2060년을 탄소중립 목표 시점으로 설정했다.

탄소중립을 위해서는 에너지 소비 패턴이 바뀌어야 한다. 온실가스를 배출하는 화석연료 사용을 줄이고 무탄소 에너지원을 주력으로 삼아야 한다. IEA는 2050년 탄소중립 달성을 위해 전 세계 전기 수요가 2020년 대비 약 2.6배 증가할 것으로 전망했다.

에너지원의 탄소 배출량은 발전 과정뿐 아니라 발전소 건설, 연료 공급, 폐쇄·해체까지 전 생애주기 Life-cycle를 거쳐 발생한다. 엄밀히 말해 탄소 배출이 전혀 없는 에너지원은 없다. 이 책에서는 발전(發電) 과정에서 탄소를 직접 배출하지 않는 에너지원을 '무탄소 에너지원'으로 간주한다. 여기에는 태양광, 풍력, 수력 등 재생에너지와 원자력, 기타 무탄소 신전원 등이 포함된다.

태양광 발전은 탄소 배출이 없고 연료비가 들지 않는 장점이 있지만, 발전량 변동성이 크고 넓은 부지가 필요하며 발전단가가 높다는 단점이 있다. 태양광의 발전량은 계절과 날씨에 따라 크게 변하기 때문에 필요할 때 전기를 공급하지 못하거나, 반대로 불필요하게 전기를 과잉 생산할 수도 있다. 따라서, 이와 같은 간헐성을 보완하기 위해서는 예비 발전원 및 에너지저장시스템ESS 등의 전력 계통 안정화 시스템 구축이 병행되어야 한다.

풍력 발전 역시 발전 과정에서 탄소 배출이 없는 청정에너지이지만, 우리나라는 영국이나 노르웨이에 비해 풍력에너지 밀도가 31~39% 수준에 불과하다. 그나마 육상풍력에 비해 이용률이 높은 해상풍력마저 높은 건설비와 전력망 연결 비용 때문에 경제성이 떨어진다. 풍력 또한 발전량 변동성이 크기 때문에 이를 보완할 계통 안정화 수단이 함께 구축해야 한다.

요약문

원자력은 '무탄소 고밀도' 에너지원이다. 우리나라는 우라늄을 전량 수입하지만, 그 비용은 우리나라 전체 에너지 수입액의 1% 미만이다. 전체 연료비가 원자력 발전단가에서 차지하는 비중은 11% 수준이어서, 원자력으로 생산한 전기는 '준(準)국산 에너지'로 평가받는다. 우라늄 연료는 비축도 용이해서 에너지 안보에 크게 기여한다.

일부 국가는 수소나 이산화탄소 포집·활용·저장CCUS 같은 신기술을 탄소중립 방안으로 고려한다. 그러나 수소는 그 자체로 에너지를 가진 1차 에너지원이 아니라 다른 에너지를 투입해 만들어야 하는 2차 에너지원, 즉 '에너지 운반체Carrier'다. 따라서 생산·수송 과정이 얼마나 친환경적이고 경제적인지가 관건이며, 이 과정에서 탄소가 많이 배출되면 무탄소 에너지원이 될 수 없다. CCUS 기술 역시 주목받지만, 두 기술 모두 아직 경제성·기술 성숙도 부족으로 인해 상용화까지는 지속적인 연구개발이 필요하다.

제3장 탄소중립과 AI 시대를 위한 에너지 정책

에너지 정책은 장기적인 안목으로 수립해야 한다. 전력 수요는 단기간에 급증할 수 있지만, 공급은 단기간에 확대하기 어렵기 때문이다. 따라서 정부는 전력수급계획을 수립할 때 수요를 정확히 예측하고, 현재 실현 가능한 기술과 경제성을 바탕으로 해야 한다. 이 원칙이 지켜지지 않으면 전력 수급 불안이 빈번해지고, 최악의 경우 대규모 정전 사태로까지 이어질 수 있다.

전력수급계획에 의하면 앞으로 우리나라에서 태양광 및 풍력 발전 비중이 늘어날 전망이다. 하지만 이들 에너지원은 기상 조건에 따라 발전량이 변하고 인위적인 조절이 어렵다. 시시각각 변하는 재생에너지 발전량을 보완하여 전력 수급 균형을 맞추려면 LNG 발전소 같은 예비 발전원과 전력망 안정을 위해 ESS, 양수발전 등 다양한 에너지저장 시스템이 필요하다. 이때 소요되는 비용을 반영한 것이 '시스템 균등화 발전비용System LCOE'이며, 재생에너지 확장 계획을 수립할 때는 System LCOE에 대한 고려가 필요하다.

현재 우리나라에서 발전 비중이 가장 높은 무탄소 에너지원은 원자력이다. 탄소중립을 위해 줄여야

할 석탄 및 가스 발전의 역할을 경제적으로 대체할 가장 현실적인 대안 역시 원자력이다. 원자력은 재생에너지의 간헐성을 보완할 효과적인 방안이기도 하다. 프랑스처럼 원전에 부하추종 운전 기술을 도입하면 석탄 발전처럼 유연한 운전이 가능하여, 재생에너지의 간헐성을 보완할 수 있다. 따라서 국가 전력 계통의 안정성을 유지하고 재생에너지의 탄소중립 기여도를 극대화하려면, 원자력과 재생에너지가 공존하는 최적 에너지 믹스를 구성해야 한다.

인공지능(AI)의 전력 소비는 막대하다. 모델에 따라 차이가 있지만 AI 모델 하나가 자기학습을 하는 데 최대 300MWh의 전력이 필요하다. 현재 발표된 최대 규모의 데이터센터는 대략 500만 가구가 사용하는 전력을 소모하는데, 이는 서울시 전체 사용량과 맞먹는 양이다. 데이터센터의 전력 수요는 특정 지역에 집중되고 24시간 중단 없이 계속되는 특징이 있다. 따라서 지역적으로 편중된 대규모의 24시간 전력 수요에 대응할 수 있는 가장 적합한 에너지원이 바로 원자력이다. 이것이 마이크로소프트, 구글, 메타, 아마존 등 글로벌 기업들이 원자력에 투자하는 이유이기도 하다.

세계 각국은 자국의 환경, 산업, 지정학적 여건을 고려해 적합한 에너지 믹스를 구성한다. 우리나라는 전력을 융통할 이웃 나라가 없는 '에너지 섬'이다. 따라서 우리나라는 원자력을 안정적인 기반으로 삼고 간헐성 재생에너지를 보완적으로 활용하는 방향으로 에너지 믹스를 구축해야 한다. 이를 위해 2050년까지 원자력 발전 용량을 현재의 3배 수준으로 확대하여, 발전 비중을 약 50%까지 늘릴 필요가 있다. 우리나라는 이미 1990년대 초 원자력 발전 비중 50%를 달성한 경험이 있다.

에너지 자원 빈국인 우리나라가 '2050 탄소중립'을 위한 에너지 정책을 수립할 때, 다음 세 가지를 고려해야 한다.

첫째, AI 시대와 탄소중립을 넘어 '에너지 강국'을 지향하는 전원 정책을 수립해야 한다. 우리나라는 세계 최고 수준의 원전 산업 생태계를 보유하고 있어 원자력과 재생에너지를 동시에 고려할 수 있는 몇 안 되는 국가 중 하나이다.

둘째, 이념이나 신념이 아닌 과학기술과 객관적 사실을 기반으로 하는 에너지 정책을 수립해야 한다.

셋째, 세계적인 에너지 전환 흐름 속에서 에너지 기술 수출국으로 도약해야 한다. 독보적인 경쟁력을 갖춘 우리 원전 산업을 글로벌 산업으로 육성하기 위한 정책적 고려가 필요하다.

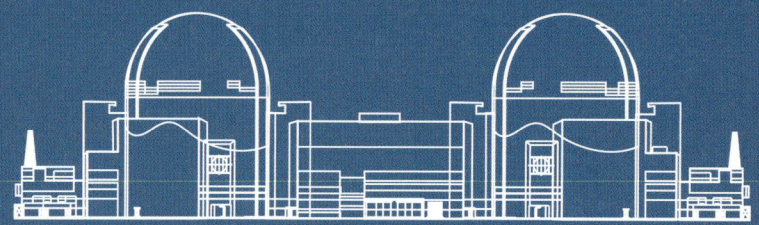

제1장

에너지의 중요성과 현황

1.1 에너지의 중요성
1.2 미래 글로벌 에너지
1.3 글로벌 에너지 정책 동향
1.4 우리나라 에너지 소비 현황
1.5 에너지 믹스
1.6 에너지 섬인 대한민국의 전기 공급 문제
1.7 대한민국의 제한된 에너지 자원
  - 화석에너지, 재생에너지, 원자력

1.1 에너지의 중요성

인류의 역사는 에너지 이용 기술과 함께 진보해 왔다. 한 국가의 문명 수준과 에너지 사용량의 밀접한 관계는 유엔UN의 인간개발지수[2]와 1인당 전기 사용량을 통해 명확히 드러난다. 그림 1에서 볼 수 있듯이, 인간개발지수가 0.9 이상인 선진국 수준에 도달하려면 연간 1인당 최소 4,000kWh[3] 이상의 전력이 필요하다. 이는 우리가 누리는 풍요로운 삶이 안정적인 전력 공급을 전제로 하고 있음을 보여준다.

에너지 공급이 잠시라도 중단된 현대 사회는 상상할 수 없다. 따라서 국민의 인간다운 삶을 보장하기 위해 안정적으로 에너지를 공급하는 것은 국가의 핵심 책무다.

> **국민의 인간다운 삶을 보장하기 위해
> 안정적으로 에너지를 공급하는 것은 국가의 핵심 책무다.**

---

2. 각 국가의 실질국민소득, 교육수준, 문맹률, 평균수명 등을 여러 가지 인간의 삶과 관련된 지표를 조사해 각국의 인간 발전 정도와 선진화 정도를 평가한 지수.

3. 1kWh(kilowatt-hour)는 용량 1kW인 전기장치(예: 가정용 다리미)를 1시간 동안 사용하는 경우 소비되는 전기의 총량을 말함. 1kWh = 3,600,000Joule.

4. Alan D. Pasternak, Global Energy Futures and Human Development: A Framework for Analysis, 미국 DOE 산하 Lawrence Livermore 국립연구소 발간 (2000) 보고서에서 발췌.

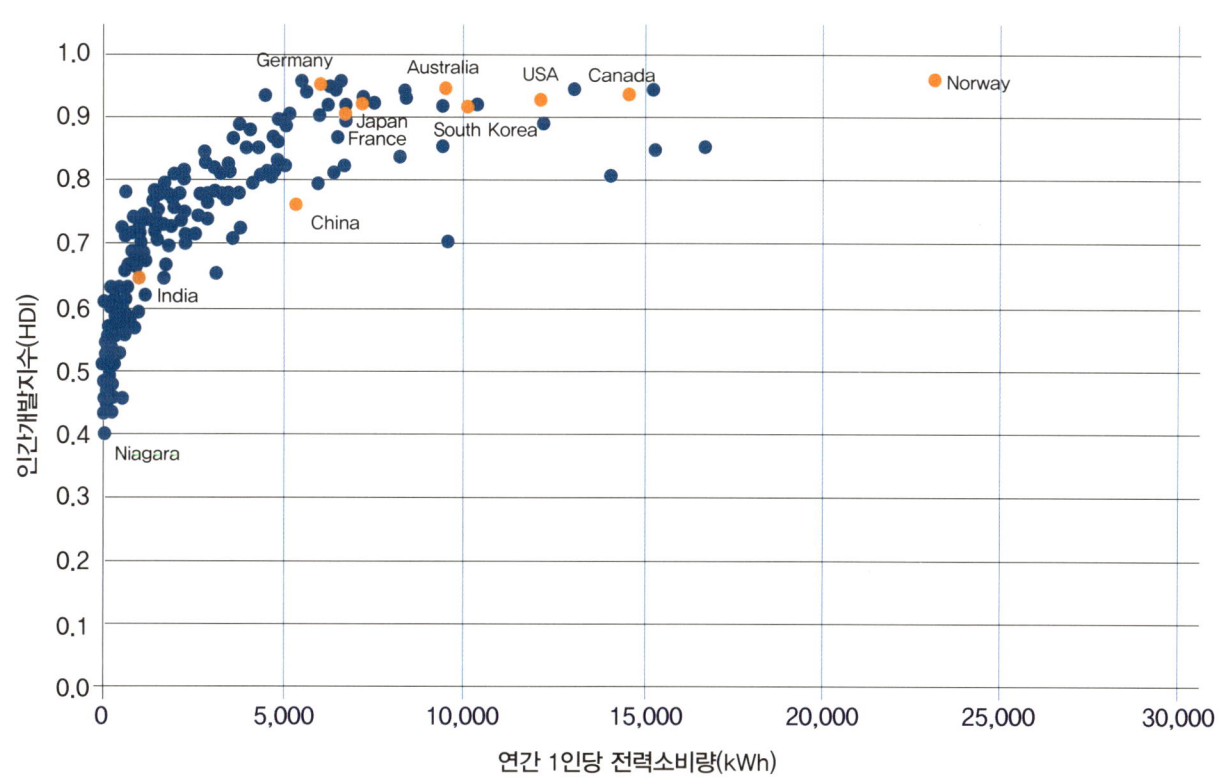

그림 1 국가별 인간개발지수(Human Development Index)와 연간 1인당 전력소비량[4]

1.2 미래 글로벌 에너지

근현대사는 기술 발전에 따라 크게 네 단계로 구분할 수 있다. 18세기 중후반 증기기관이 이끈 1차 산업혁명[5], 19세기 중후반부터 20세기 초중반까지 석유·가스·전기가 대중화된 2차 산업혁명, 20세기 후반부터 2009년까지 컴퓨터와 인터넷이 촉발한 3차 산업혁명(정보화 혁명)을 거쳐, 2010년 이후 D.N.A.(Data: 데이터, Network: 네트워크, AI: 인공지능)로 대표되는 4차 산업혁명이다.

2021년 국제에너지기구International Energy Agency; IEA는 '2050년 탄소중립Net Zero Emission 시나리오'를 발표했다. 이 시나리오에 따르면, 2020년 대비 전 세계 총에너지 수요는 8% 감소하지만, **전기 수요는 약 2.6배 증가**(23,230TWh[6]→ 60,000TWh)**되어야 할 것으로 전망된다.** IEA는 탄소중립을 달성하기 위해서는 재생에너지, 원자력, 수소 등 무탄소 에너지원의 역할 확대가 필수적이라고 분석했다(그림 2 참조). **원자력의 경우, 2050년까지 목표 비중을 달성하려면 매년 전 세계적으로 30GW 규모의 신규 원자력 발전소 건설이 필요하다고 예측했다.**[7]

4차 산업혁명 시대의 핵심은 '전기'다. 앞으로 세계는 편리하고 친환경적인 전기를 최종에너지로 사용하는 **전기화 사회**Electrified Society**로 빠르게 전환될 것이다.** AI와 데이터 산업의 발전으로 전력 수요가 폭증하고 있다. IEA는 데이터센터의 전력 수요가 2024년 415TWh에서 2030년 945TWh로 두 배 이상 증가할 것으로 예측했다.[8] 기후변화에 대응하면서 이러한 막대한 전력 수요를 감당할 수 있어야 AI와 데이터 산업의 지속 성장을 보장할 수 있는데, 이는 결국 재생에너지와 원자력 확대 가능성에 달려 있다.

---

5. 산업혁명은 영국 역사학자 아놀드 토인비(Arnold J. Toynbee)가 《Lectures on the Industrial Revolution of the Eighteenth Century in England》에서 최초로 사용함.
6. TWh(terawatt-hour, 테라와트시) = 1,000,000,000kWh = 1조Wh (각주 3 참조).
7. 매년 30GW 원전 증설은 APR1400 원전(국내에서 개발·건설하고 UAE에도 수출하였음)을 매년 20기씩 신규로 건설하는 규모임.
8. 국제에너지기구(IEA), Energy and AI (2025) 보고서 p.14.
9. 국제에너지기구(IEA), Net Zero by 2050 A Roadmap for the Global Energy Sector (2021) 보고서

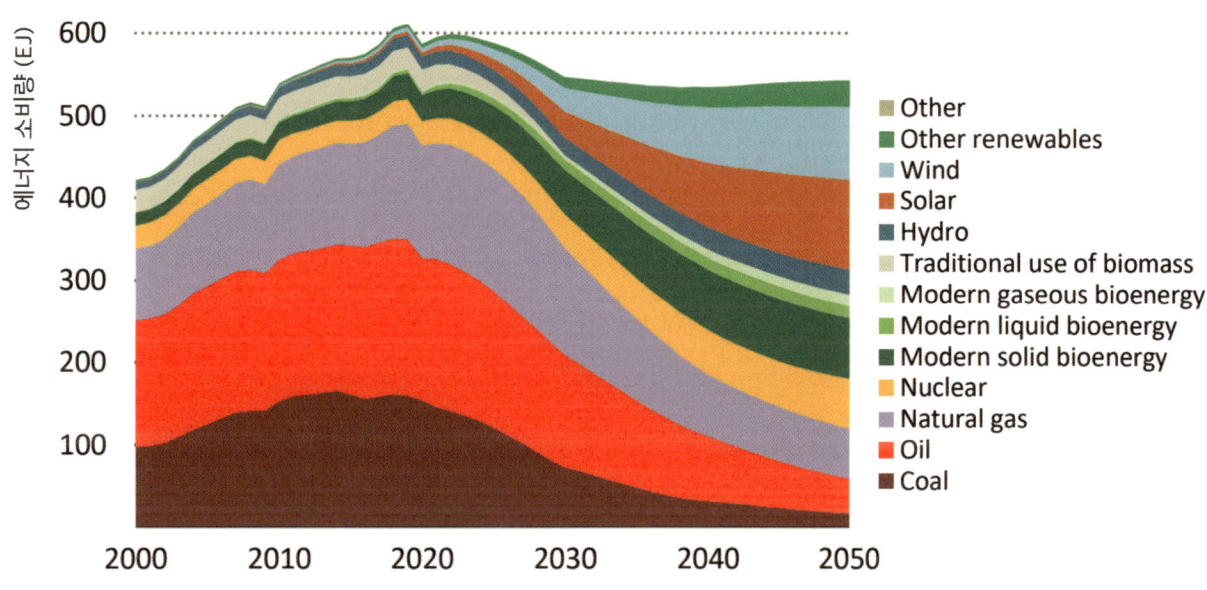

그림 2   2050년 탄소중립을 위한 에너지원별 소비량 전망[9]

기후변화에 대응하면서 AI와 데이터 산업의 지속 성장을
보장하기 위해서는 재생에너지와 원자력을 확대해야 한다.

1.3 글로벌 에너지 정책 동향

4차 산업혁명 시대의 '전기화' 등으로, IEA는 2025년 세계 전력 수요가 전년 대비 4% 증가할 것으로 전망했다.[10] AI 데이터센터와 전기차 확산이 선진국과 신흥국 모두의 전력 수요를 끌어올릴 것이라는 분석이다. IEA는 탄소중립을 목표로 하는 2050년 전 세계 전력 수요를 2020년 대비 2.6배 증가한 60,000TWh로 예측했다. 이를 감당하려면 **재생에너지는 연평균 5% 이상 지속적으로 성장해야 하며, 다른 무탄소 에너지원의 급격한 확장도 필요하다.**

이러한 전력 대전환을 안정적으로 뒷받침할 에너지원 중, **원자력은 '고밀도, 24시간 가동, 최소 부지'라는 장점 덕분에 핵심 전원으로 부상**하며 여러 나라에서 재평가되고 있다. 그림 3은 현재 각국의 원자력 발전 비중을 보여준다. 2023년 '제28차 기후변화 당사국총회COP28'에서는 25개국이 2050년까지 원전 용량을 현재 수준의 3배로 확대하자는 선언에 서명했다. IEA 역시 "새로운 원자력 시대가 열리고 있다"라고 평가하며, 각국이 기존 원전의 계속운전과 신규 원전 건설의 금융 비용을 낮추는 정책 등을 적극 추진할 것을 권고했다.

주요국의 에너지 정책 동향은 다음과 같다. 미국은 기존 원전의 80년 계속운전과 소형모듈원자로SMR 상용화를 동시에 추진하며, 데이터센터 전력을 태양광, 원전, SMR 조합으로 공급하려는 시도를 민관 주도로 진행하고 있다. 특히 트럼프 행정부는 행정명령을 통해 규제 혁신을 바탕으로 2050년까지 원자력 설비용량을 현재의 4배로 늘릴 것을 천명했다. 중국은 이미 전 세계 태양광 및 풍력설비의 35% 이상을 차지하고 있으며, '제14차 5개년 계획'에서는 원전 설비용량을 2025년까지 70GW로 확충하기로 하고 19기의 신규 원전을 건설 중이다. 나아가 2035년까지 원전 설비 200GW 달성을 목표로 하고 있다. 프랑스는 발전량의 62%를 원전으로 충당해 이미 저탄소 전력시스템을 구축했으며, 2030년까지 재생에너지 비중을 30%로 높이는 'Nucleaire-REN 융합 시나리오'를 추진 중이다. 일본은 원전법 개정을 통해 원전 운전 기간을 최대 60년까지 연장 가능케 했고, 올해 발표된 7차 에기본[11]에서는 2030년 원전

---

10. IEA, Electricity Mid-Year Update 2025
11. 일본은 매 3년을 주기로 에너지기본계획을 수립함.
12. 장주기 전력저장설비(Long-duration Energy Storage, LDES)는 재생에너지 확대 과정에서 발생하는 시간·계절 단위의 전력 불균형을 완화하기 위해 수 시간에서 수백 시간까지 전기를 저장할 수 있는 기술을 말함. 보통 10시간 이상 저장 능력을 가진 설비를 지칭함.
13. 2025 세계 원자력발전 현황과 동향

비중을 22%, 재생에너지 비중을 35% 이상으로 계획했다.

정책적 관점에서 **주요국들은 재생에너지와 원자력의 조화를 지향**한다. 이는 변동성이 큰 재생에너지의 출력 불안정을 원전과 장주기 저장설비[12]로 흡수하고, 원전의 잉여전력으로 청정수소를 생산하며, SMR을 전력생산과 지역난방이나 산업 공정열에 이용하여 부가가치를 극대화하는 다층적 보완 체계 구축을 의미한다. 실제로 각국의 정책 보고서는 재생에너지 증가로 인한 전력 계통 문제를 완화하기 위해 무탄소 기저 전원, 대규모 저장장치, 스마트그리드 투자를 병행해야 한다고 밝히고 있다. 이는 원자력과 재생에너지의 상생이 탄소중립 달성에 필수적임을 보여준다.

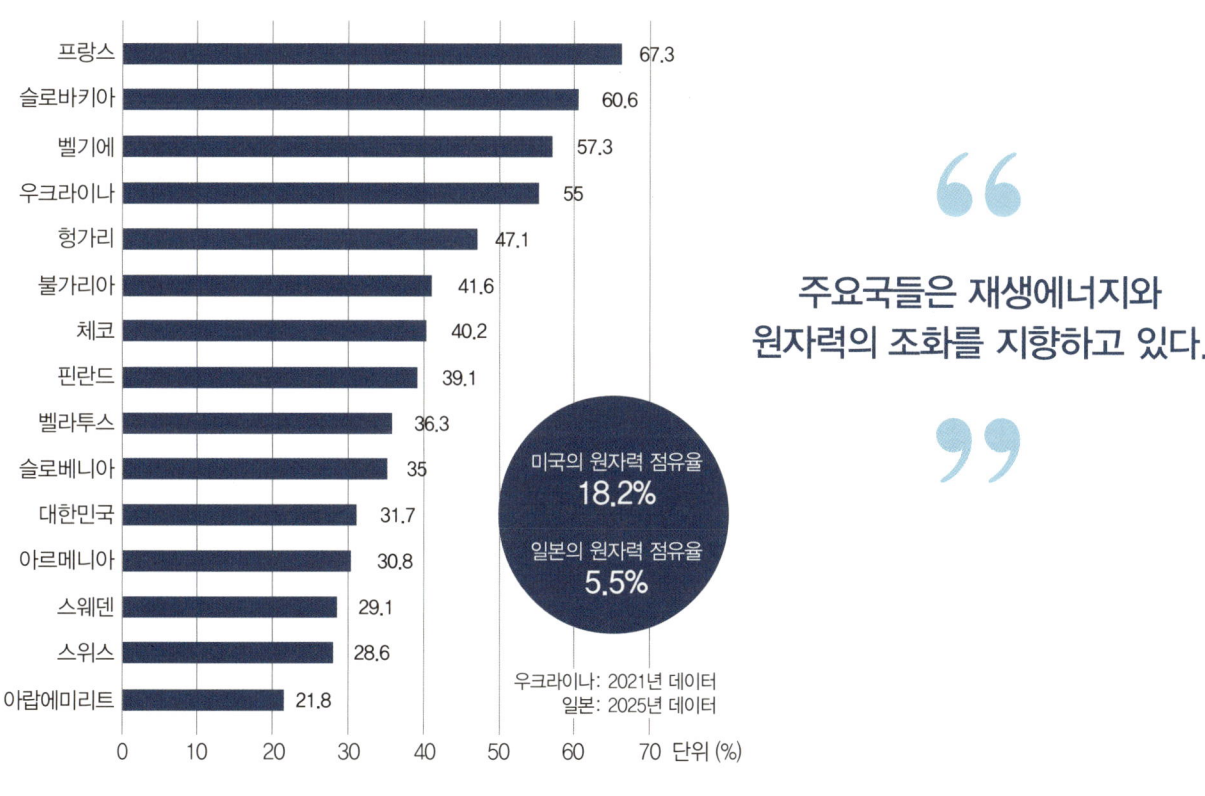

그림 3 세계 각국의 원자력 발전 비중[13]

> 주요국들은 재생에너지와 원자력의 조화를 지향하고 있다.

1.4 우리나라 에너지 소비 현황

우리나라의 총에너지 공급량(손실 포함)은 1965년 75TWh에서 2023년 3,461TWh로 46배 증가했다. 에너지경제연구원의 「2024년 에너지통계연보」에 따르면, 2023년 기준 우리나라 에너지 수입의존도는 93.9%에 이르며 에너지 수입액은 1,714억 달러에 달한다(그림 4). 이는 연간 총수출액의 약 4분의 1에 달하는 금액으로, 반도체, 자동차, 철강 등 우리나라 주력 품목의 수출 총액과 맞먹는 규모다.

2023년 기준 1차 에너지[14] 공급원별 비중은 석유 37.3%, 유연탄 23.8%, LNG 19.0%, 원자력 12.9%, 수력·재생에너지 6.0% 순이다. 이들 1차 에너지의 약 40%는 전기로 전환되어 소비된다. 2023년 우리나라의 최종에너지 소비량은 전기 환산 2,419TWh였고, 이 중 전력 소비량은 546TWh로 약 22.6%를 차지했다. 전력 소비 용도별로는 산업용이 50.2%, 가정용이 14.9%, 상업·공공용이 34.0%였다. 한편, 2023년 전력 생산에 투입된 에너지원별 비중은 석탄 31.4%, LNG 26.8%, 원자력 30.7%, 수력을 포함한 신재생에너지 10.8%였다.

우리나라는 제조업 비중이 높아 다른 나라에 비해 산업용 전기 소비 비중이 크다. 24시간 가동이 필수적인 제조업 중심의 산업 구조 때문에, 365일 중단 없는 전력 공급은 국가 경제발전의 핵심 조건이다. 이러한 기저 전력의 공급은 원자력과 석탄이 맡고 있다.

**24시간 가동이 필수적인 제조업 중심의 산업 구조 때문에,
365일 중단 없는 전력 공급은 국가 경제발전의 핵심 조건이다.**

---

14. 1차 에너지는 타 에너지로 전환되기 위해 투입되는 에너지와 산업, 수송, 가정, 상업용으로 직접 소비되는 에너지의 합임.
15. 에너지경제연구원, 2024 에너지통계연보.

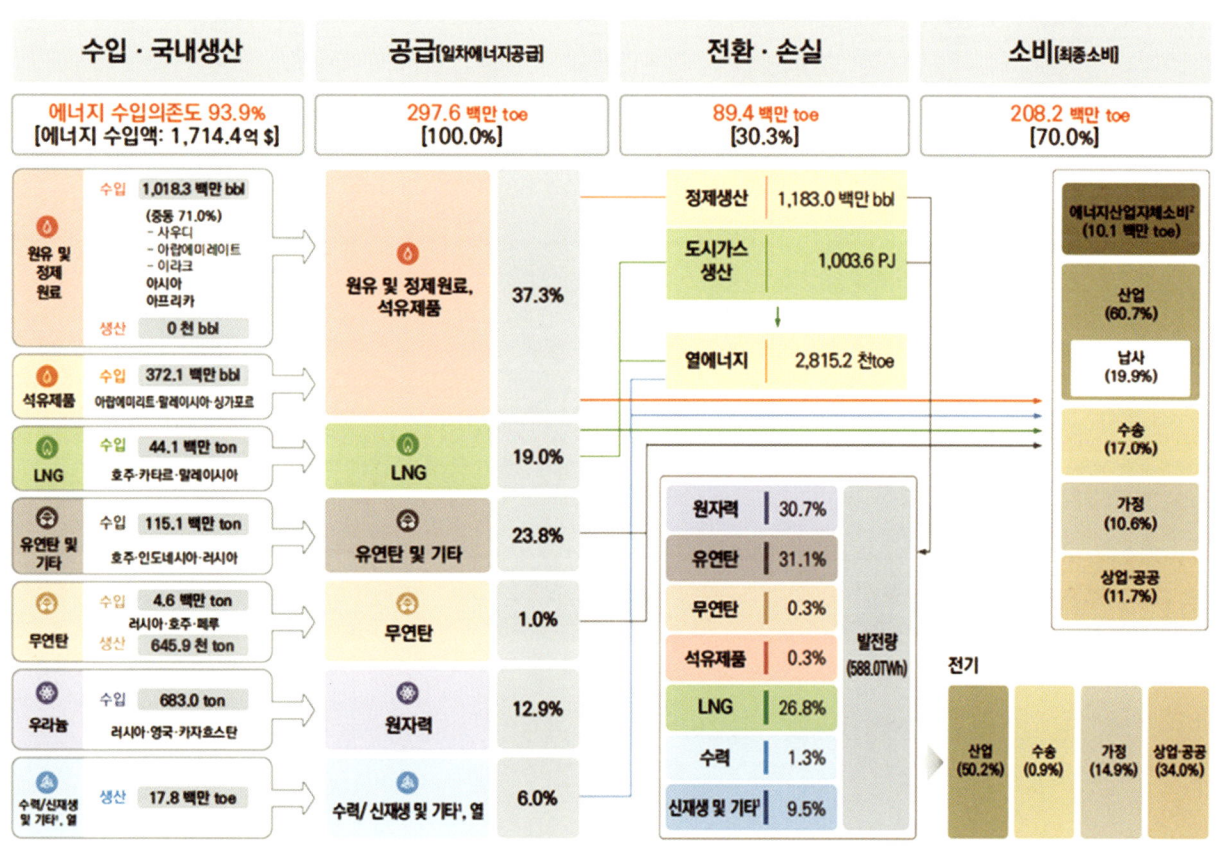

그림 4 2023년 우리나라의 에너지 흐름[15]

1.5 에너지 믹스

모든 에너지원은 저마다 장단점을 갖는다. 한두 가지 특정 에너지원에만 의존하여 에너지시스템을 구성한다면 국제 정세 변화 등에 따라 에너지 공급이 불안정해질 위험이 커진다. 따라서 각국은 에너지원의 장단점과 자국 환경을 종합적으로 고려하여, **안정적인 에너지 공급을 위한 최적의 조합을 찾는다.** 이를 '에너지 믹스Energy Mix'라고 한다.

그림 5에서 볼 수 있듯이, **에너지 믹스는 각 나라가 처한 환경을 최대한 활용하거나 극복하려는 고심의 산물이다.** 화석자원이 풍부한 사우디아라비아 등 일부 중동 국가는 화석연료를 주력 에너지원으로 삼는다. 노르웨이는 전력의 약 95%를 수력으로 생산하고, 스웨덴과 스위스는 수력과 원자력을 함께 이용한다. 풍력 자원이 우수한 덴마크와 영국은 풍력 발전을 적극 활용한다. 반면 폴란드, 에스토니아, 호주 등은 석탄 의존도가 매우 높고, 네덜란드, 멕시코, 일본 등도 화석연료에 대한 의존도가 높은 편이다. 이처럼 각국은 자국의 자원과 기술력에 따라 고유의 에너지 믹스를 선택하게 된다. 여기에 '세계적 대세'는 찾기 어렵다. **우리나라도 우리 상황에 맞는 최적의 에너지 믹스를 찾아야 한다.**

2024년 우리나라의 발전 믹스는 원자력 31.7%, 석탄 28.1%, 천연가스LNG 28.1%, 신재생에너지 10.6%로 구성되었다. 최근에는 재생에너지의 간헐성을 보완하는 예비Backup 발전원으로, LNG 발전 비중이 늘고 있다. 하지만 LNG는 국제 시장 규모가 크지 않아 작은 변수에도 가격 변동폭이 크고 비싼 편이므로, 그 비중을 과도하게 늘리는 것은 바람직하지 않다.

> "
> **에너지 믹스는 각 나라가 처한 환경을
> 최대한 활용하거나 극복하려는 고심의 산물이다.**
> "

---

16. 국제에너지기구(IEA), Energy Policies of IEA Countries: United Kingdom 2019 Review (2019) 보고서.

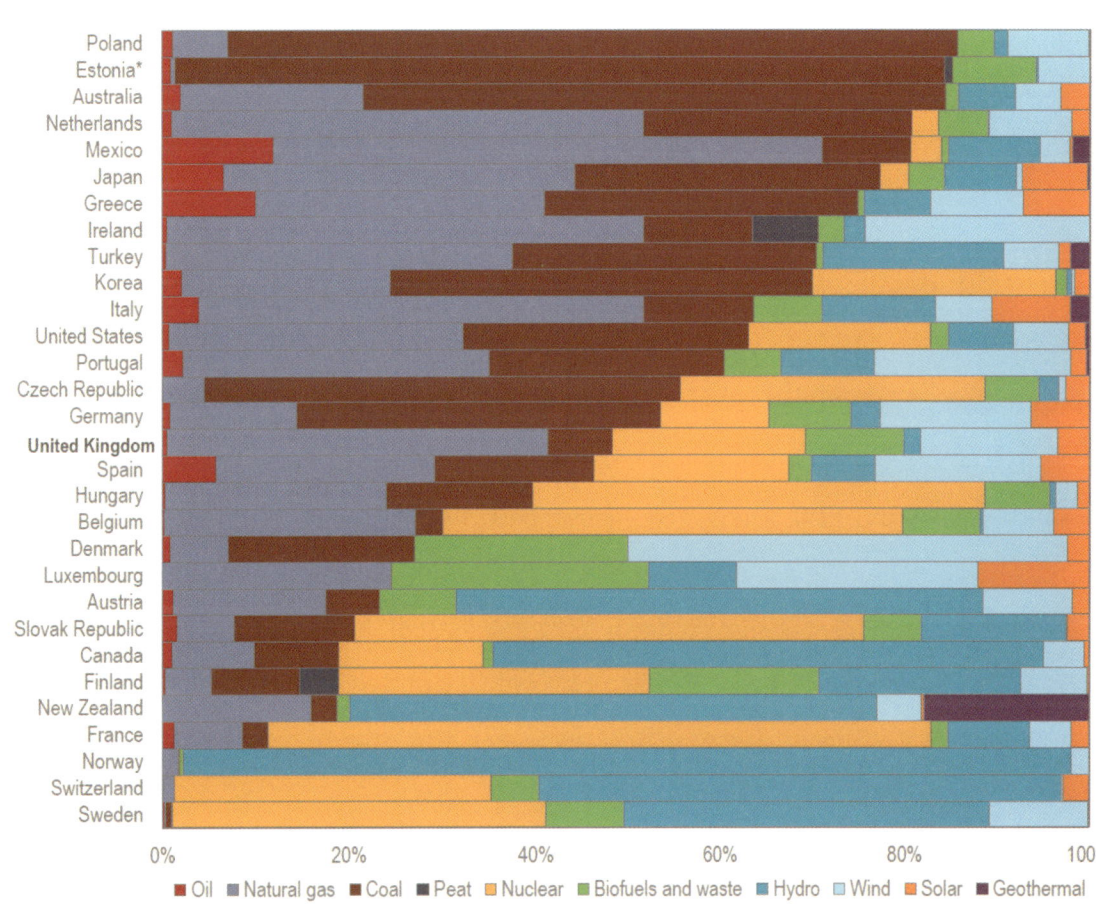

그림 5 　주요국의 에너지 믹스[16]

제1장 에너지의 중요성과 현황 | 23

1.6 에너지 섬인 대한민국의 전기 공급 문제

다른 에너지와 달리 **전기는 생산되는 동시에 소비되어야 하는 특성이 있어, 공급과 수요가 매 순간 일치해야 한다.** 공급과 수요가 일치하지 않으면 주파수 변동이 일어나며, 이 변동이 허용 범위를 벗어나면 발전기가 손상되거나 정밀 기기가 오작동을 일으킬 수 있다. 공급 부족이 심할 경우 대정전으로 이어질 수 있다. 따라서 매 순간 전력 수요에 맞춰 공급량을 조절하는 것이 매우 중요하다. 우리나라에서는 이 역할을 '전력거래소'가 담당한다. 전기가 남으면 발전량을 줄이거나 저장하고, 부족하면 즉시 발전량을 늘리거나 일부 지역의 공급을 차단해야 한다. LNG 발전이나 양수 발전은 이처럼 긴급하게 발전량을 조절할 때 유용하다.

유럽연합EU 국가들은 전력망이 서로 연결되어 있어, 실시간으로 남는 전기는 수출하고 부족한 전기는 수입할 수 있다. 반면 **우리나라 전력망은 외부와 고립된 '에너지 섬Energy Island'과 같아, 전력 수급 문제를 반드시 국내에서 해결해야 한다.** 이 때문에 우리나라 전력망은 EU에 비해 유연성이 떨어진다. 따라서 **우리나라는 안정적인 전력 공급을 위해 미국이나 EU보다 높은 수준의 공급예비율을 유지해야 한다.** 공급예비율이 너무 높으면 유휴 발전소로 인해 비용이 증가하고, 반대로 너무 낮아 정전이 발생하면 그 피해가 막대하므로, 적정 수준으로 유지하는 것이 매우 중요하다. 특히 전기의존도가 높은 현대 사회에서는 유휴 설비로 인한 손실보다 정전으로 인한 예상 손실이 훨씬 크므로, 공급예비율을 다소 높게 유지하는 것이 더 안정적이다. 그림 6은 우리나라가 그동안 전력 공급 부족과 과잉 상태를 오가며 적정 공급예비율을 유지하는 데 어려움을 겪어왔음을 보여준다.

> "
>
> **우리나라 전력망은 외부와 고립된 '에너지 섬(Energy Island)'과 같아, 전력 수급 문제를 반드시 국내에서 해결해야 한다.**
>
> "

| 17. e-나라지표 (전력수급동향), https://www.index.go.kr/

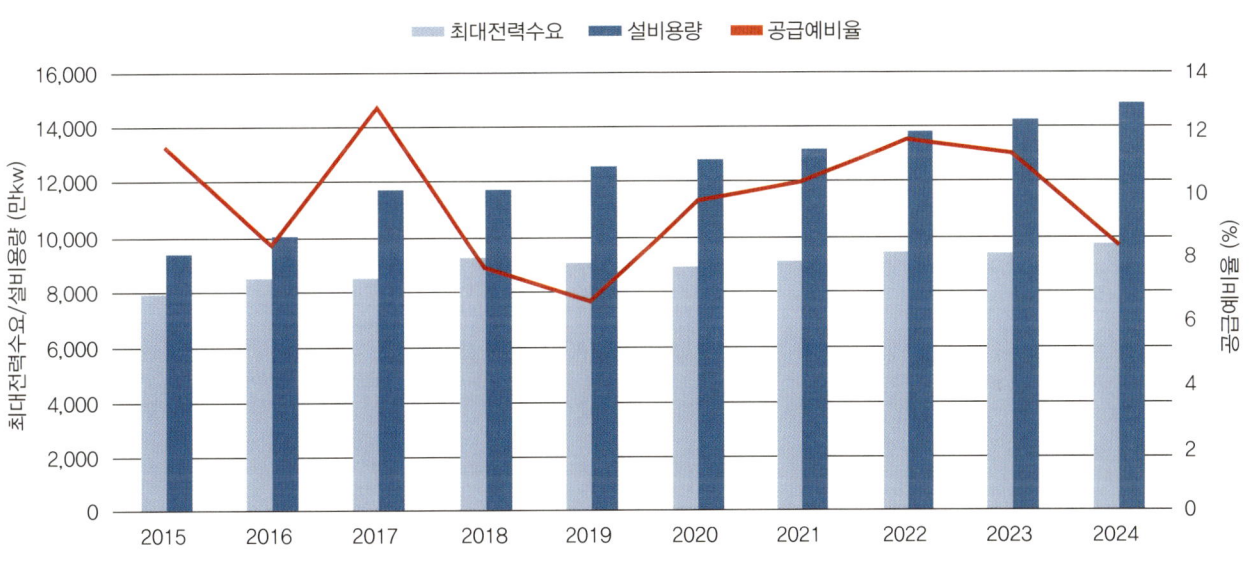

그림 6 우리나라의 최대전력수요, 설비용량 및 공급예비율 추이[17]

1.7 대한민국의 제한된 에너지 자원
- 화석에너지, 재생에너지, 원자력

우리나라가 이용하는 에너지원은 화석연료, 재생에너지, 그리고 원자력이다. 그러나 2023년 기준 에너지 자원의 93.9%를 수입에 의존하며, 석유, 석탄, LNG 등 화석연료는 사실상 전량 수입한다. 결국 **해외에 의존하지 않고 국내에서 자력으로 생산할 수 있는 에너지는 재생에너지와 원자력뿐이다.**[18]

하지만 국내 재생에너지 여건은 좋지 않다. 그림 7에서 볼 수 있듯이, **우리나라의 평균 태양광 발전량**(패널당 약 3.8kWh)**은 세계 최고 수준인 칠레**(약 6.4kWh)**의 60% 정도에 불과하다.**[19] 이는 일조량 등 다른 기후 여건 때문이다. 우리나라 태양광 패널의 연평균 이용률은 약 15%로, 하루 24시간 중 약 3.5시간만 전기를 생산하는 셈이다. 해상풍력 자원 역시 영국이나 노르웨이에 비해 평균 풍력에너지 밀도가 31~39% 수준에 그쳐 발전 여건이 열악하다. 수력 자원 또한 국내 전력 생산의 1~2%만 담당할 정도로 빈약하며, 환경 문제로 추가 개발도 쉽지 않다.

결론적으로 우리나라는 화석연료 자원이 거의 없고, 재생에너지 잠재량 또한 상대적으로 부족하다. 국토가 좁고 에너지 수요가 많은 이러한 여건에서 원자력 발전이 중요한 대안으로 선택된 것이다. 원자력은 국제 정세 변화에 따른 수급 불안의 영향을 적게 받고, 화석연료보다 에너지 밀도가 100만 배 이상 높으며 연료의 장기 비축이 가능해 에너지 자원이 부족한 우리나라에 특히 적합한 에너지원이다.

> **우리나라는 화석연료 자원이 거의 없고,
> 재생에너지 잠재량 또한 상대적으로 부족하다.**

---

18. 원자력은 연료비 비중이 매우 낮고 그중 일부(성형·가공)는 국내 설비와 기술로 공급함. 이러한 이유로 원자력을 국산 에너지로 간주하기도 함
19. irena.org
20. 국제에너지기구(IEA), Solar Energy Mapping the road ahead (2019) 보고서에서 발췌함.

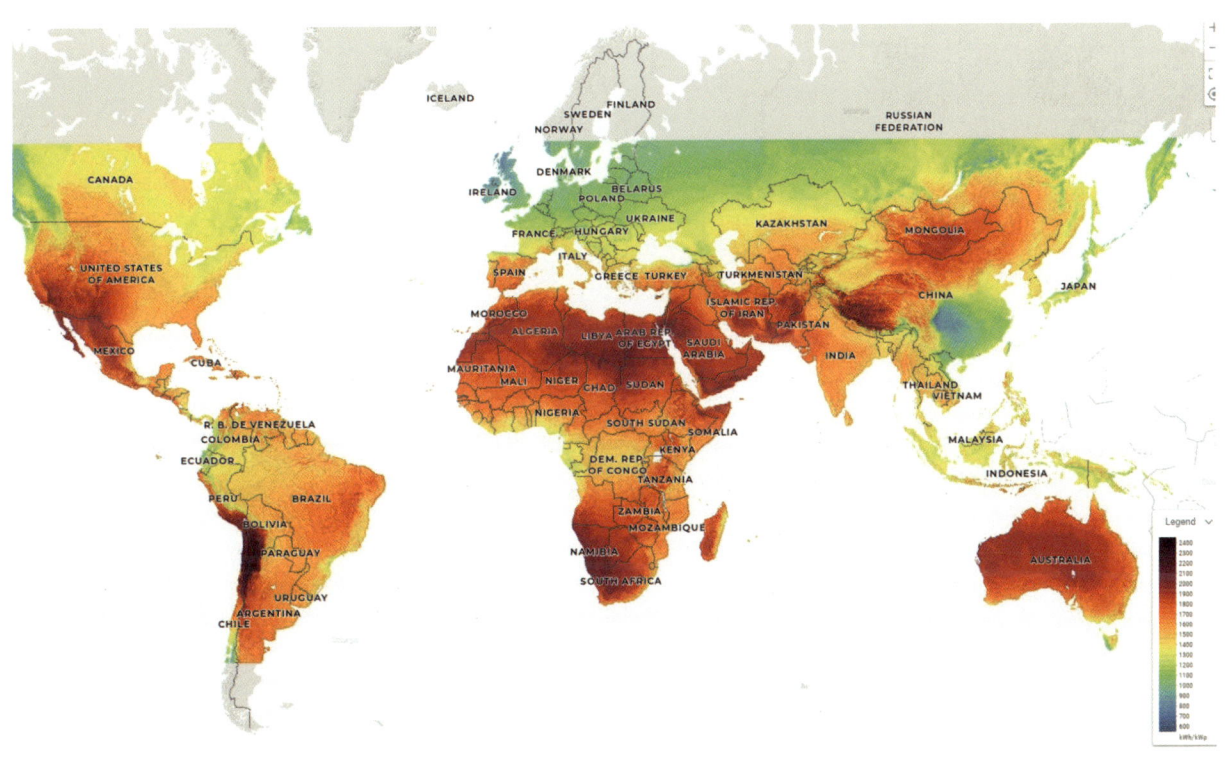

그림 7 세계 지역별 태양광 패널 전기 생산 가능량[20]

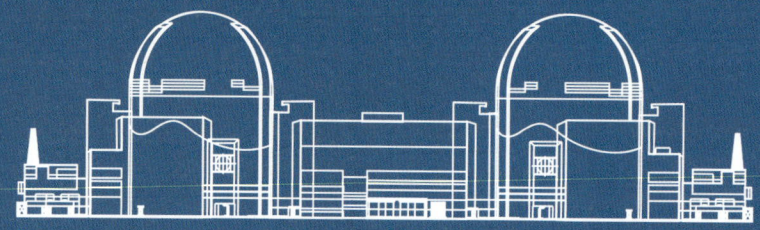

제2장

기후변화와 무탄소 에너지원

2.1 기후위기와 온실가스

2.2 글로벌 탄소중립 협력

2.3 우리나라의 온실가스 배출 문제

2.4 에너지원별 생애주기 이산화탄소 배출

2.5 태양광 발전

2.6 풍력 발전

2.7 원자력 발전

2.8 무탄소 신전원 및 탄소 포집

2.1 기후위기와 온실가스

세계 곳곳에서 기상이변이 빈발하고 있으며, 그 원인으로 인류가 배출한 온실가스로 인한 지구 온난화가 지목된다. 2021년 8월 학술지 '네이처Nature'에 발표된 논문[21]은 현재 지구 표면 온도가 1850~1900년 평균 대비 약 1.1℃ 상승했으며(그림 8), 이를 해결하려면 온실가스 배출을 줄여야 한다고 강조했다. 또한, 과학 연구논문의 97% 이상이 **기후위기가 지난 세기 인간의 화석연료 사용에서 비롯되었다**고 밝히고 있다. 지구 온난화의 원인에 대한 일부 논란이 있지만, **기후위기 극복을 위해 이산화탄소 배출량을 줄여야 한다는 점에는 국제적인 공감대가 형성되어 있다.**

> 기후위기 극복을 위해 이산화탄소 배출량을
> 줄여야 한다는 점에는 국제적인 공감대가 형성되어 있다.

---

21. Tollefson, J. "IPCC climate report: Earth is warmer than it's been in 125,000 years", Nature, 2021.
22. https://science.nasa.gov/earth/measuring_global_temperature/

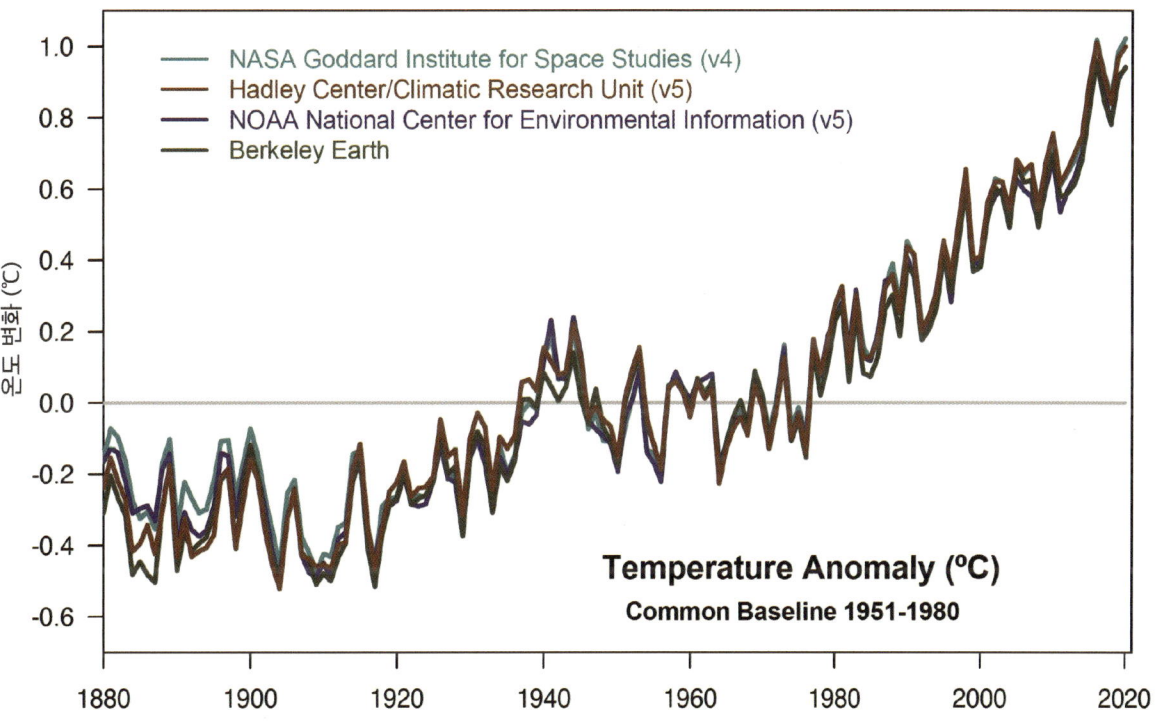

그림 8 지구 표면 온도 변화(1850~2023)[22]

2.2 글로벌 탄소중립 협력

'UN 기후변화협약'은 온실가스로 인한 지구 온난화를 막기 위한 국제 협약이다. 이 협약은 1992년 리우 환경개발회의에서 채택되었고, 이러한 노력은 1997년 교토의정서와 2015년 파리협정으로 이어졌다. 특히 2018년 10월, UN '기후변화에 관한 정부 간 패널IPCC'은 지구 평균온도 상승 폭을 1.5℃ 이내로 억제하기 위해, 2050년까지 '탄소중립'을 달성해야 한다는 특별보고서를 발간했다.

지구 온난화의 원인에 대한 일부 논쟁에도 불구하고, 현재 대다수 국가는 온실가스 감축 노력에 동참하고 있다. 우리나라, 미국, 유럽연합, 일본 등 세계 134개국이 2050년까지 탄소중립을 공식 선언했으며, 중국 등 일부 국가는 2060년을 목표로 제시했다(그림 9).

> **이제 탄소중립은
> 거스를 수 없는 국제사회의 규범이 되었다.**

---

23. https://www.visualcapitalist.com/sp/race-to-net-zero-carbon-neutral-goals-by-country/

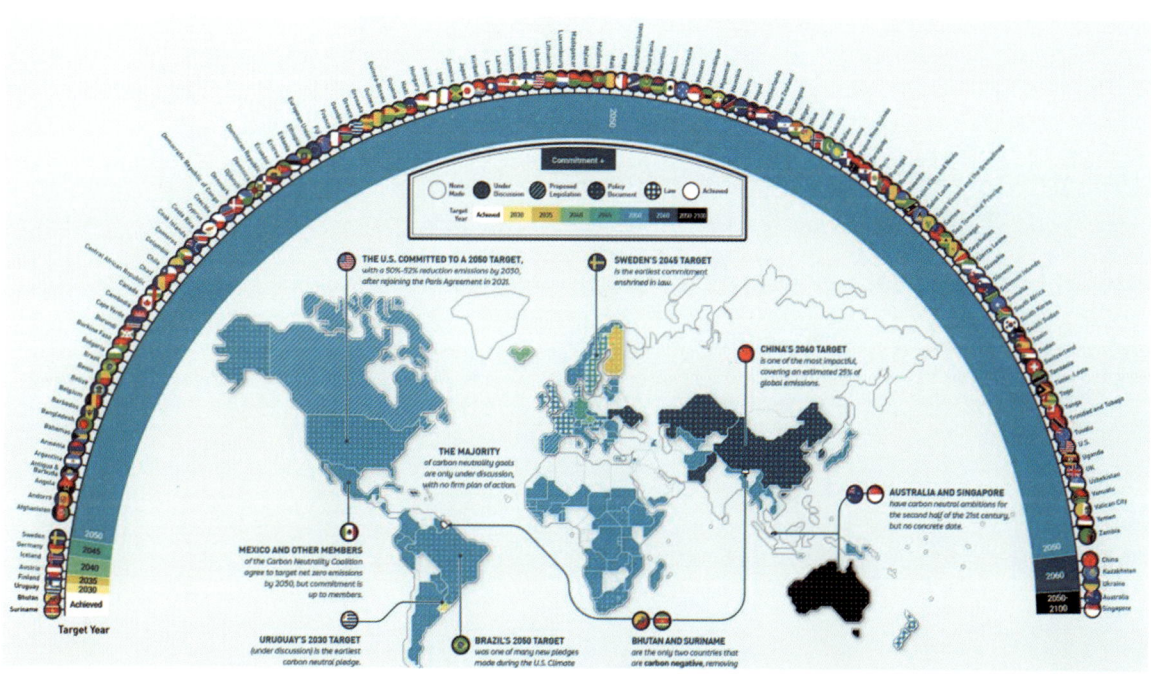

그림 9   탄소중립 선언 국가 현황[23]

2.3 우리나라의 온실가스 배출 문제

UN을 중심으로 한 국제사회의 기후변화 대응은 1990년대 초부터 시작되었다. 유럽 선진국들은 구속력 있는 국제 정책 수립을 주장했지만, 개발도상국들은 선진국들의 역사적인 책임을 요구하는 한편, 경제 성장을 위해 값싼 화석연료를 포기하기 어려워 선진국의 요구에 동조하지 않았다. 미국 트럼프 행정부 역시 학계의 이견 등을 이유로 파리협약에서 재탈퇴를 결정했다. 이처럼 각국의 이해관계가 복잡하게 얽혀, 그동안 통일된 기후변화 대응이 이루어지지 못했다.

국제과학자그룹 '글로벌 카본 프로젝트 Global Carbon Project'의 분석에 따르면, 우리나라는 2023년 5억 7,700만 톤의 이산화탄소를 배출해 세계 10위를 기록했다(그림 10). '탄소중립'이 국제 규범으로 자리 잡은 지금, 우리나라도 더는 그 이행을 미룰 수 없는 상황이다. 탄소중립 달성의 길은 에너지 소비 패턴의 전환에 있다. 첫째, 온실가스를 배출하는 화석연료 사용을 최대한 줄여야 한다. 둘째, 빠른 시일 안에 무탄소 에너지원을 주 에너지원으로 삼아야 한다.

> "
> '탄소중립' 달성의 길은
> 에너지 소비 패턴의 전환에 있다.
> "

---

24. http://www.globalcarbonatlas.org/en/CO2-emissions

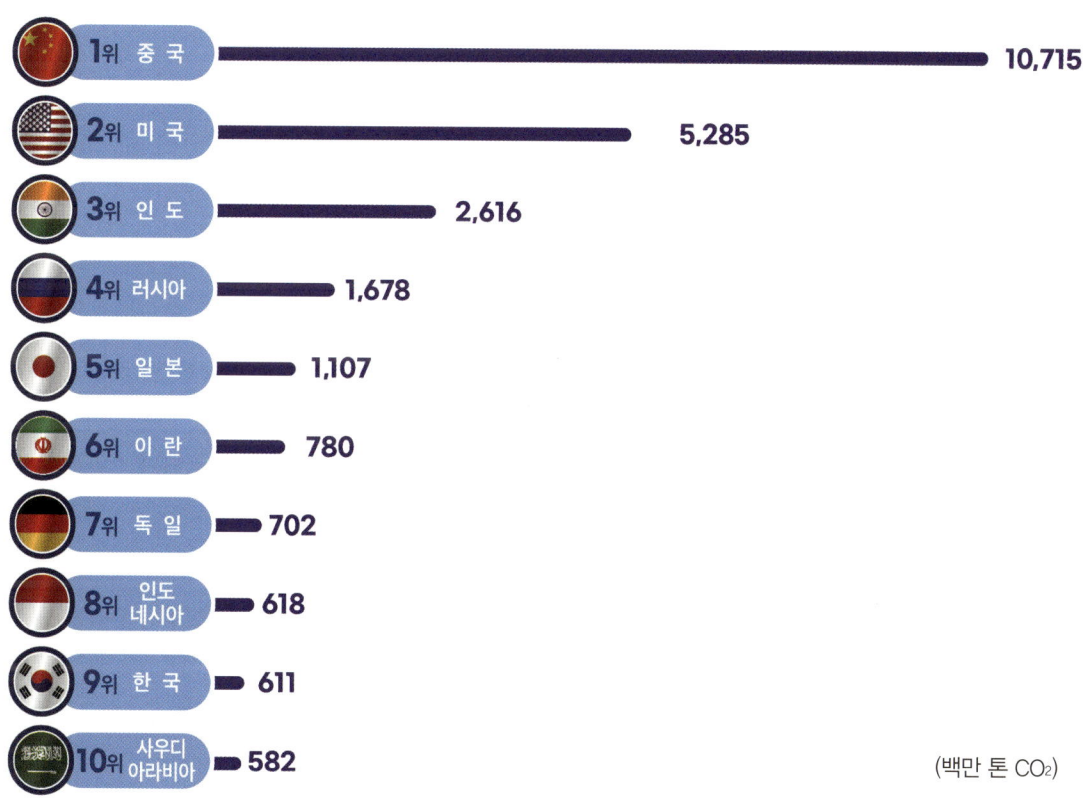

그림 10 2023년 이산화탄소 배출량 상위 국가 (단위: 백만 톤)[24]

2.4 에너지원별 생애주기 이산화탄소 배출

전기 생산에 사용하는 에너지원의 이산화탄소 배출량은 발전 과정뿐만 아니라, 발전소 건설부터 연료 공급 및 해체에 이르기까지 전 '생애주기Life-cycle'에 걸쳐 평가한다. IPCC가 발표한 발전원별 생애주기 이산화탄소 배출량은 그림 11과 같다.

재생에너지와 원자력은 발전 과정 자체에서는 이산화탄소를 배출하지 않는다. 그러나 태양광은 패널 제작, 풍력은 터빈 제작 및 폐기, 원자력은 건설과 핵연료 제작 공정 및 해체 과정 등에서 에너지를 많이 소비한다. 이 에너지를 화석에너지로부터 공급받으면 생애주기 중 이산화탄소 배출이 일어난다. 엄밀히 말해, **전 생애주기에 걸쳐 탄소 배출이 전혀 없는 '완전 무탄소' 에너지원은 없다. 배출량이 극히 적은 '저탄소' 에너지원만 있을 뿐이다.** 이 책에서는 편의상 발전 과정에서 탄소를 직접 배출하지 않는 재생에너지와 원자력을 '무탄소 에너지원'으로 정의한다.

> "
> 생애주기에 걸쳐 탄소 배출이 전혀 없는
> '완전 무탄소' 에너지원은 없다.
> "

---

25. IPCC 보고서; https://www.ipcc.ch/site/assets/uploads/2018/02/ipcc_wg3_ar5_annex-iii.pdf

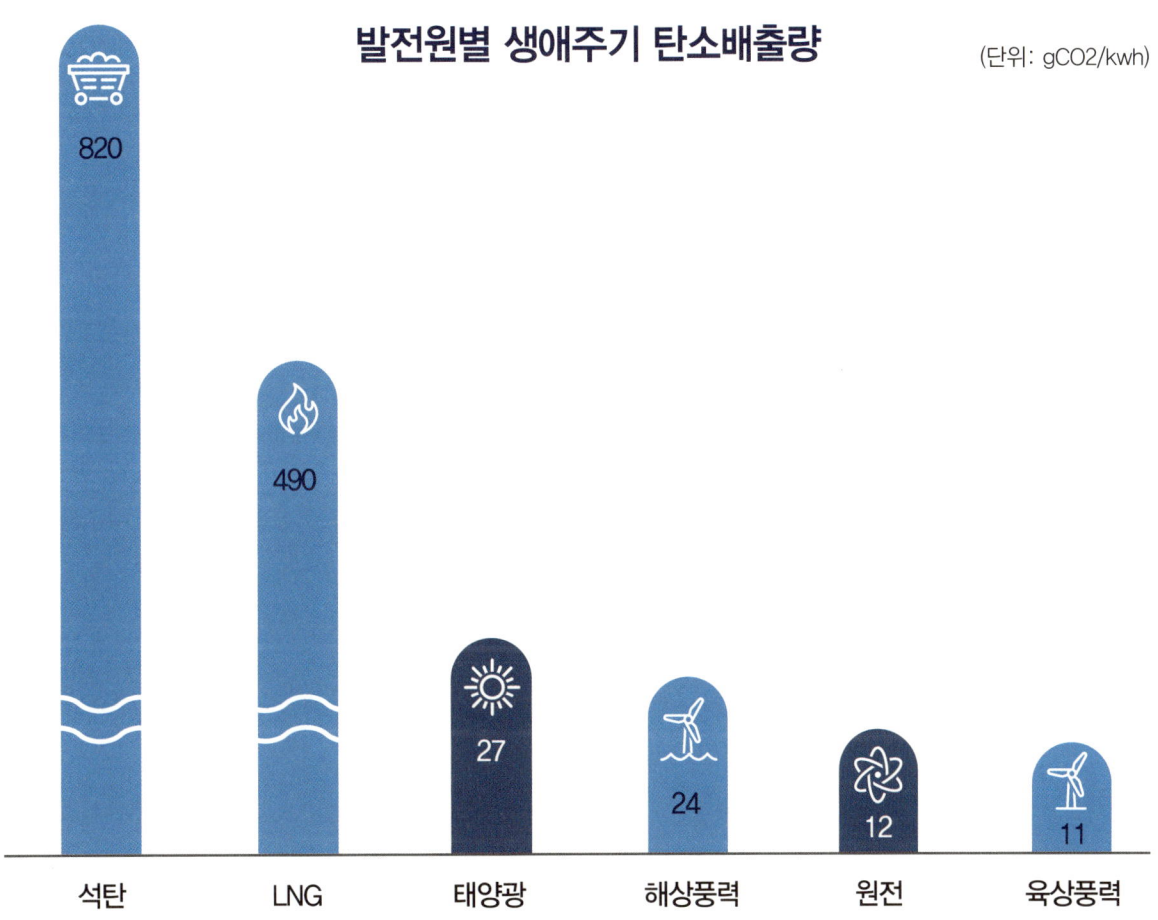

그림 11 발전원별 생애주기 이산화탄소 배출량[25]

2.5 태양광 발전

태양광 발전은 연료비가 들지 않지만, 설비 제작·설치, 유지·관리, 해체 등에 비용이 발생한다. 국제에너지기구IEA와 경제협력개발기구 산하 원자력 기구OECD/NEA 보고서에 따르면, 우리나라 태양광의 균등화발전비용LCOE[26]은 96~98 USD/MWh로, 국내 원자력(53 USD/MWh)이나 중국 태양광(50 USD/MWh)의 LCOE 보다 두 배 가까이 높다(그림 12). 태양광 패널 가격은 빠르게 하락하고 있지만, 발전시설 설치, 운영, 부지 확보 등에 드는 비용을 줄이는 데는 한계가 있다.

태양광 발전은 여러 가지 장점에도 불구하고 발전량 변동성이 크다는 근본적인 문제가 있다. 낮에만, 그것도 날씨가 좋을 때만 전기를 생산하므로 정작 필요할 때 필요한 만큼 전기를 공급하지 못할 수 있다. 이를 보완하려면 추가 비용을 들여 예비 발전원을 반드시 확보해야 한다. 반대로 맑은 날에는 전력이 과잉 생산되어 전력망의 안정성을 해칠 수 있다. 이런 상황에 대비하여 배터리와 같은 에너지저장시스템Energy Storage System, ESS이 필요하다. 현재 기술로는 ESS 구축에 막대한 비용이 소요되므로 비용 저감을 위한 연구개발이 대대적으로 필요하다.

이용률을 고려하면, 1GW급 원전 1기의 발전량을 태양광으로 대체하기 위해서는 서울시 면적의 6분의 1에 해당하는 약 100㎢의 부지가 필요하다. 또한, 운영 기간이 40~60년인 원전과 달리 태양광 패널의 수명은 15~25년에 불과하다. 수명이 다한 패널을 교체하고 시설을 해체할 때 대량의 폐기물이 발생하는데, 한국환경정책평가연구원은 태양광 폐패널 배출량이 2018년 20톤에서 2040년에는 11만 2천 톤까지 늘어날 것으로 예상했다.[27]

---

[26]. 균등화 발전단가(Levelized Cost of Electricity; LCOE)는 발전설비 수명 기간 중 불규칙적으로 발생하는 모든 비용과 발전량을 화폐의 시간적 가치를 고려해 일정 시점으로 할인하고 연도별로 균일하게 나타낸 단위 가격으로 각국의 에너지 자원의 보유량, 기술수준, 금융조건 등에 따라 나라별로 상이함.
[27]. "태양광 폐패널의 관리 실태 조사 및 개선 방안 연구", 한국환경정책평가원(2018)
[28]. Levelised Cost of Electricity Calculator, IEA; https://www.iea.org/data-and-statistics/data-tools/levelised-cost-of-electricity-calculator

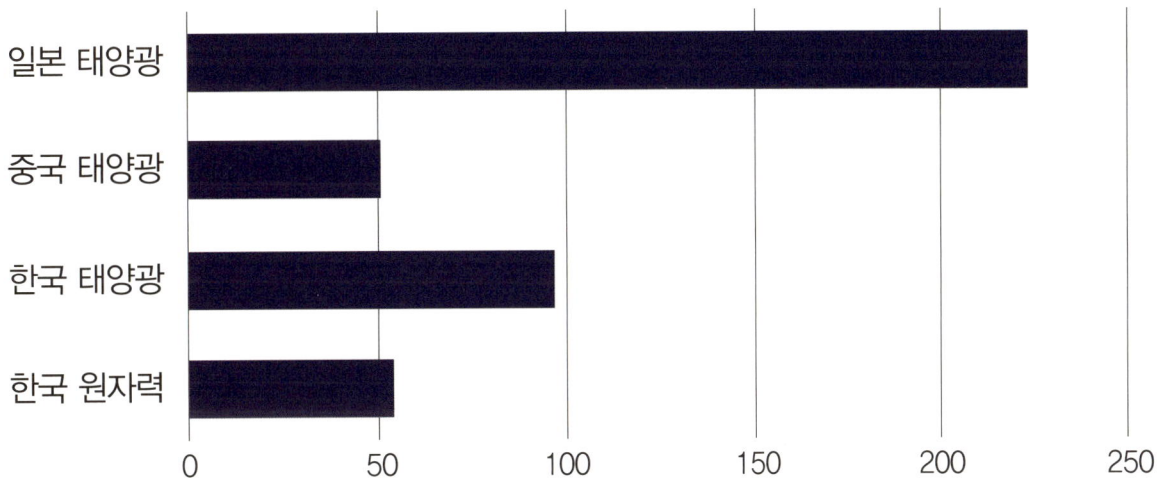

그림 12 태양광 및 원자력 발전의 균등화 발전단가 (단위: USD/MWh)[28]

태양광 발전은 발전량 변동성이 크기 때문에
예비 발전원을 반드시 확보해야 한다.

2.6 풍력 발전

풍력 발전은 태양광처럼 발전 과정에서 이산화탄소를 배출하지 않는 재생에너지라는 장점이 있다. 반면 발전비용이 높고, 발전량 변동성이 크며, 넓은 설치 부지가 필요하다는 단점도 있다.

IEA와 OECD/NEA[29]에 따르면, 우리나라 육상풍력의 균등화발전비용(LCOE)은 113 USD/MWh로, 덴마크(29 USD/MWh)보다 4배 가까이 높다. 우리나라는 육상보다 해상에 풍력 자원이 더 많지만, 높은 건설비와 전력망 연결 비용 탓에 경제성은 오히려 육상풍력보다 떨어진다. 실제로 우리나라 해상풍력의 LCOE는 161 USD/MWh로, 덴마크(42~52 USD/MWh)보다 훨씬 높다. 우리나라의 발전비용이 이처럼 높은 이유는 그림 13처럼 풍력 자원이 빈약하기 때문이다. 같은 설비를 설치해도 해면 고도 50m 높이에서의 발전량이 영국의 39%, 노르웨이의 31% 수준에 그친다. 또한, 풍력 발전도 태양광처럼 변동성이 크기 때문에 예비 발전원 등의 전력 계통 안정화 수단이 필요하다.

> "
> 풍력 발전도 변동성 재생에너지이므로,
> 예비 발전원 등의 전력 계통 안정화 수단이 필요하다.
> "

---

29. 보고서 Levelised Cost of Electricity Calculator, IEA;
 https://www.iea.org/data-and-statistics/data-tools/levelised-cost-of-electricity-calculator
30. Global Wind Atlas; https://globalwindatlas.info

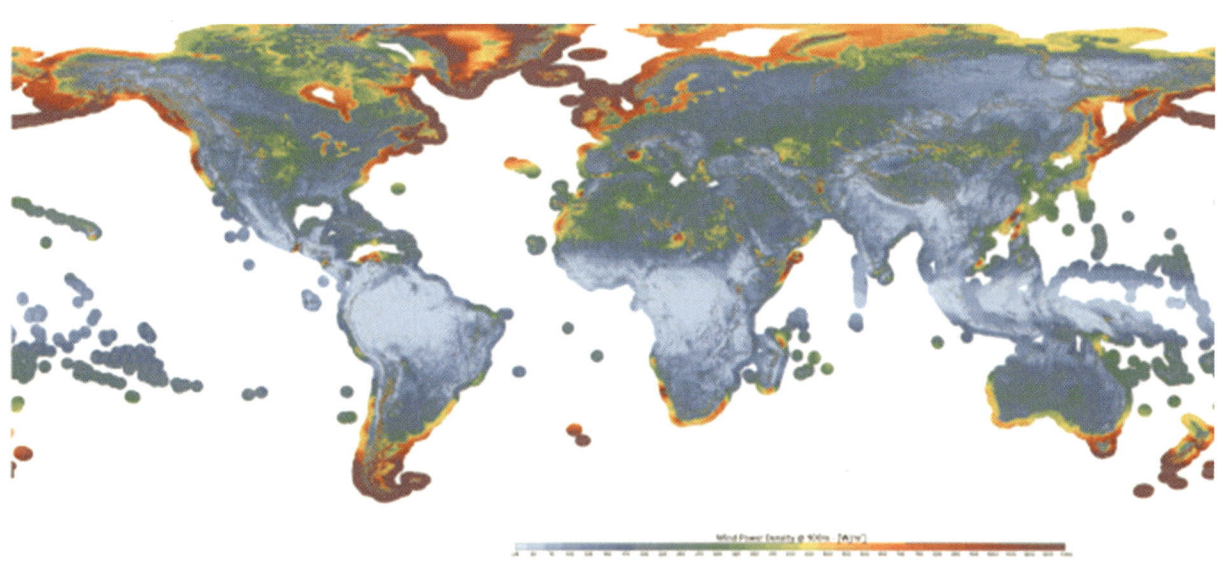

그림 13 세계 풍력자원 분포 : 우리나라 풍력자원은 영국의 39%, 노르웨이의 31% 수준 [30]

2.7 원자력 발전

원자력은 '고밀도 무탄소' 에너지원이다. 우라늄(U-235) 1g이 핵분열할 때 나오는 에너지는 석탄 3톤이 연소할 때 발생하는 에너지와 맞먹는다. 이 덕분에 원자력 발전은 매우 적은 양의 연료로 많은 전력을 생산할 수 있다. 우리나라는 우라늄을 전량 수입하지만, 우라늄 가격이 발전 원가에서 차지하는 비중은 7%에 불과하다. 핵연료 제조 비용 등을 포함한 전체 연료비 비중도 발전 원가의 11% 수준이다. 이러한 이유로 원자력으로 생산한 전기는 '준(準)국산 에너지'로 평가받는다. 또한, 우라늄 연료는 비축이 용이해 에너지 안보에도 크게 기여한다.

원전의 이용률은 80~90% 이상이다. 원자력은 계절이나 날씨와 무관하게 안정적으로 전력을 공급하고 경제성도 뛰어나며 연료비 비중이 낮아, 기저 전력을 담당하기에 최적이다. 그림 14는 우리나라의 발전원별 전력시장 정산단가를 보여준다. 우리나라는 세계 최고 수준의 원전 기술과 부품 공급망을 보유하고 있으며, 그 결과 대형 원전을 미국이나 유럽의 절반 이하 가격으로 건설할 수 있다.[31] 이러한 장점에도 불구하고, 원전의 안전성과 사용후핵연료 처분 문제에 대한 우려가 존재하는 것도 사실이다(부록 참조).

> **원자력은 계절이나 날씨와 무관하게 안정적으로 전력을 공급하고 경제성도 뛰어나, 기저 전력을 담당하기에 최적이다.**

---

31. MIT, "The Future of Nuclear Energy in a Carbon Constraint World", 2018.
32. 전력거래소 전력 거래 통계, REC 거래 동향 리포트

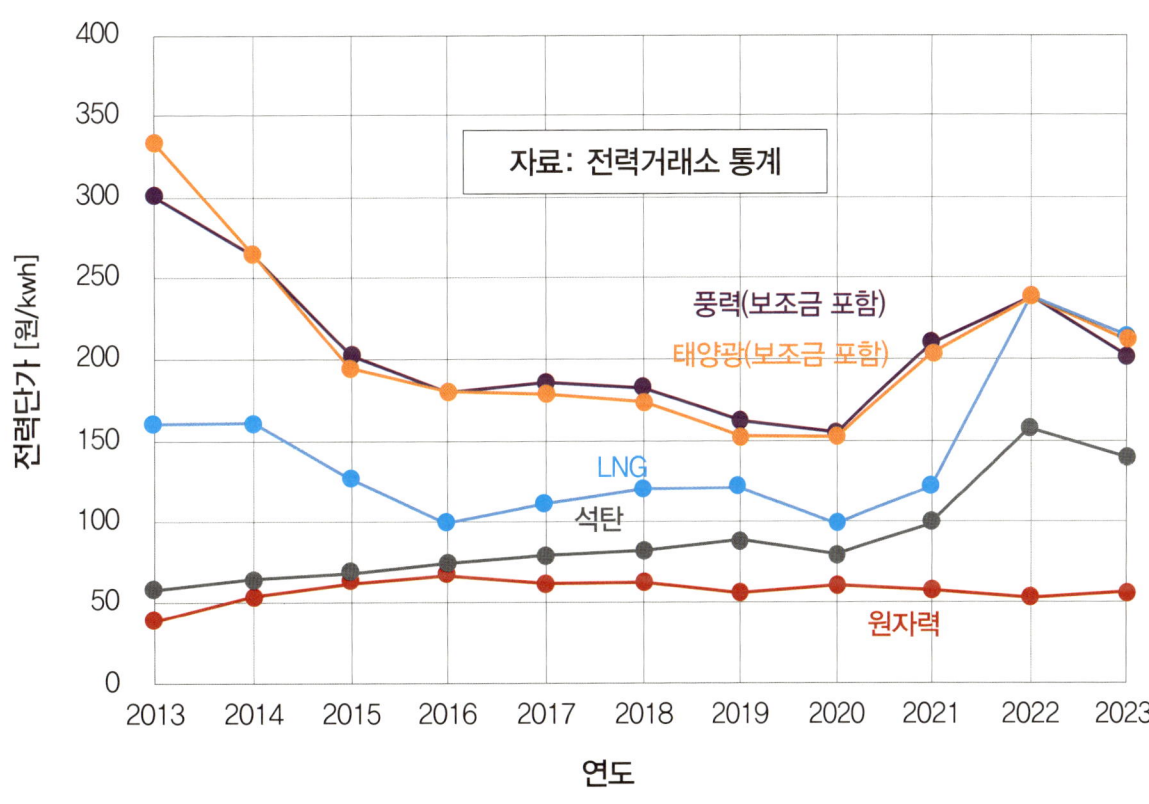

그림 14 최근 우리나라의 발전원별 전력 단가 추이[32]

2.8 무탄소 신전원 및 탄소 포집

일부 국가는 신기술에 기반한 무탄소 신(新)전원을 탄소중립 방안으로 고려한다. 우리 정부 역시 2021년 10월 발표한 '2050 탄소중립 시나리오'[33]에서 2050년 2,740~2,790만 톤의 수소가 필요하며, 이 중 80~82%를 수입하겠다고 밝혔다.

그러나 수소$_{H_2}$는 1차 에너지원이 아니라, 별도의 생산 과정을 거쳐야 하는 2차 에너지원, 즉 '에너지 운반체$_{Carrier}$'다. 따라서 **수소를 얼마나 친환경적이고 경제적으로 생산·수송하는지가 관건이다.** 생산 과정에서 탄소가 많이 배출된다면 무탄소 에너지원이라 할 수 없다. 수소 생산방법으로는 천연가스 개질, 수전해 등이 있다. 천연가스를 개질해 수소 1kg을 생산하면 7kg 이상의 이산화탄소가 발생하므로 무탄소 에너지가 될 수 없다. 물을 전기분해하는 수전해 방식은 탄소 배출이 없지만, 이때 사용하는 전기를 무탄소 전력으로 공급해야만 의미가 있다. 또한, 수소를 대량 수입하는 방안은 에너지 안보와 무역수지 측면에서 부담이 크고, 수입된 수소의 청정성을 검증하기도 어렵다.

에너지원은 아니지만, 이산화탄소 포집·활용·저장$_{CCUS}$ 기술도 주목받고 있다. 이 기술은 현재 소규모로 사용되고 있으나, 대규모로 상용화하려면 막대한 비용이 필요하다. 이처럼 수소와 CCUS는 유망한 탄소중립 수단이지만, 아직 기술이 미성숙하거나 경제성이 부족해 상용화까지는 지속적인 연구개발이 필요하다. 참고로 현재 우리나라의 CCUS 비용은 탄소 1톤당 150달러[34] 수준이며, 1GW급 석탄화력발전소는 연간 약 720만 톤의 이산화탄소를 배출한다. 이를 모두 포집하려면 약 10억 달러가 필요하다. 해당 발전소에서 1년 동안 발전한 전력의 판매대금과 맞먹는 금액이다.

---

33. https://www.2050cnc.go.kr/base/board/read?boardManagementNo=4&boardNo=101
34. https://www.korcham.net/nCham/Service/Economy/appl/KcciReportDetail.asp?SEQ_NO_C010=20120936280 &CHAM_CD=B001 (대한상공회의소 2023년 4월 17일 보도자료)

> 수소를 얼마나 친환경적이고 경제적으로
> 생산·수송하는지가 관건이다.

제3장

탄소중립과 AI 시대를 위한 에너지 정책

3.1 우리나라 에너지 관련 계획

3.2 에너지 정책의 특성

3.3 재생에너지의 간헐성 문제와 에너지저장시스템 (ESS)

3.4 에너지의 진짜 가격, 시스템 균등화 발전단가 (System LCOE)

3.5 원자력 발전의 탄소중립 기여도

3.6 AI 데이터센터를 위한 에너지

3.7 최적의 에너지 믹스

3.8 무탄소 에너지 지원제도 구축

3.9 2050 탄소중립과 AI 시대를 위한 에너지 정책 수립 시 유의사항

3.1 우리나라 에너지 관련 계획

우리나라는 2008년부터 '에너지 헌법'이라 불리는 최상위 법정계획인 '에너지기본계획'을 5년 주기로 수립해 왔다. 이 계획은 향후 20년간의 에너지 수요 공급 전망, 확보 대책, 기술 개발 등을 담고 있으며, 그 아래에는 '전력수급기본계획'[35] 등 10여 개의 하위 계획이 있다. 그러나 2022년 「탄소중립·녹색성장 기본법」 시행으로 에너지기본계획의 위상에 변화가 발생했다. 기존의 에너지 관련 계획이 탄소중립 기본계획이라는 틀 안에서 재정비되고 통합된 것이다. 이 결과로 국가 에너지 정책의 전략적 목표를 제시하는 기능이 크게 약화되었다고 볼 수 있다. 에너지 정책 체계의 재정립이 시급하다.

그림 15는 지난 100여 년간의 유가 변동 추세를 보여준다. 에너지의 해외 의존도가 높으면 국제 정세에 따라 에너지 수급 불안정성이 커질 수밖에 없다. 우리나라는 1970년대 두 차례의 석유파동을 겪으며 안정적인 에너지 공급의 중요성을 절감했다. 그 후 중장기 전력수급계획을 수립하고 원자력 기술 자립 등에 힘쓴 덕분에, 에너지 문제로 인한 경제 위기를 피할 수 있었다. 최근 러시아의 우크라이나 침공으로 다시 에너지 위기를 겪으면서, 원자력 등을 활용한 에너지 자립의 중요성은 더욱 커지고 있다.

> "
> 에너지 분야 최상위 법정계획인 '에너지기본계획'을 정상화하여
> 에너지 정책 체계를 다듬어야 한다.
> "

---

35. 전력수급기본계획: 15년을 계획 기간으로 2년마다 수립(전기사업법 제25조). 2025년, 11차 계획(2025~2039)을 수립함. 에너지원별 설비 비중을 구체적으로 정하기 때문에, 가장 중요한 국가 에너지 계획 중 하나임.
36. https://www.macrotrends.net/1369/crude-oil-price-history-chart

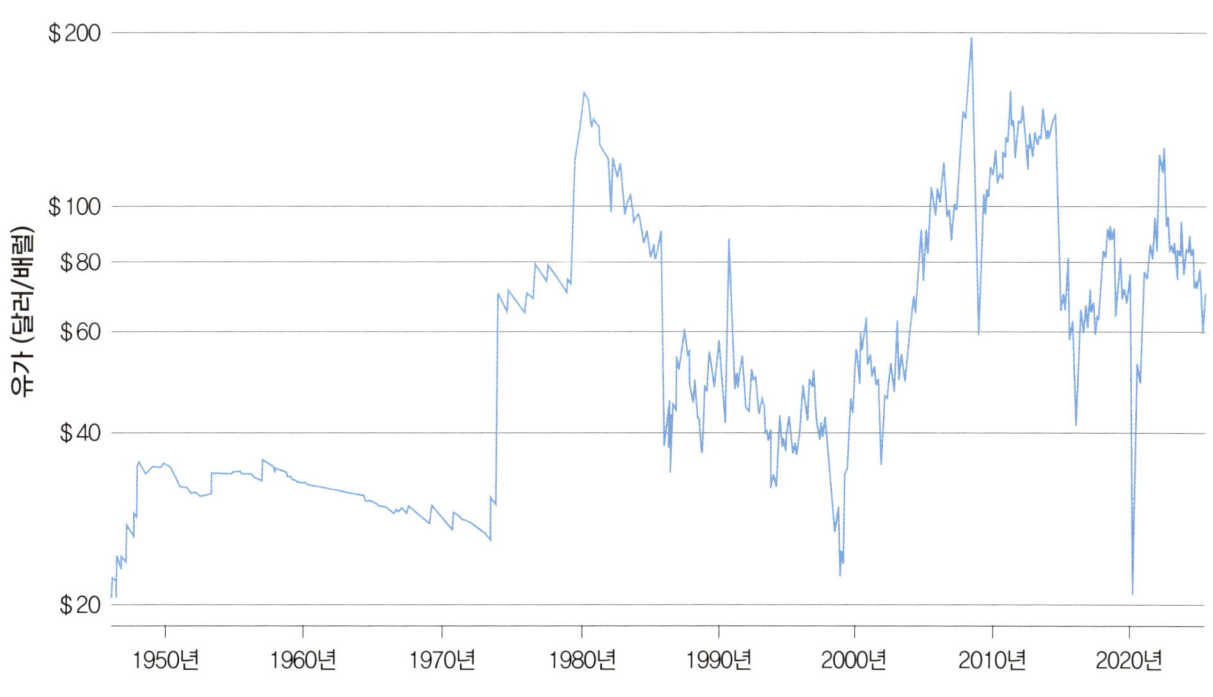

그림 15 세계 유가 변동 추이[36]

3.2 에너지 정책의 특성

에너지 정책은 장기적인 안목으로 수립해야 한다. 전력 수요는 단기간에 급증할 수 있지만, 공급과 송전망은 갑자기 늘릴 수 없기 때문이다. 원전 건설에는 10년 이상, 가스발전소도 4~5년이 걸리며, 변전 및 송전 설비까지 갖추려면 더 긴 시간이 필요하다. 그림 16에서 보듯, 2011년 9월 15일 수도권 대정전 사태 역시 이전 정부의 전력수요 과소예측과 발전소 건설 지연이 주요 원인이었다.

따라서 **정부는 어떤 상황에서도 전력 수요를 감당할 수 있도록 발전 시설을 미리 확보해야 한다.** 이를 위해 최대 전력 수요를 정확히 예측하는 것이 무엇보다 중요하다. 수요 예측이 빗나가면 전력 위기를 넘어, 최악의 경우 대정전으로 이어질 수 있다. 또한, 전력수급계획은 현재 실현 가능한 기술과 경제성을 바탕으로 수립해야 하며, 기술과 경제성이 확보되지 않은 미래 기술에 과도하게 의존해서는 안 된다. 대표적인 예로 ESS를 들 수 있다. 우리나라의 하루치 전력 소비량을 ESS에 저장하려면 현재 기술로는 배터리 확보에만 약 200~400조 원[37]이라는 천문학적인 비용이 필요해 현실성이 매우 낮다.

정부는 어떤 상황에서도 전력 수요를 감당할 수 있도록 발전 시설을 미리 확보해야 한다.

---

37. 우드매킨지 2025. 2025년 kWh당 160달러(약 23만 원), 낙관적 전망으로 2030년 100달러(약 14만 원). 우리나라 하루 전력 소비량 약 2 TWh.
38. e-나라지표 (전력수급동향), https://www.index.go.kr/

그림 16 2000~2013년의 전력 공급예비율 변화[38]

3.3 재생에너지의 간헐성 문제와 에너지저장시스템(ESS)

재생에너지의 가장 큰 문제는 '간헐성'이다. 간헐성이란 밤낮과 날씨에 따라 발전량이 불규칙하게 변하는 특성을 말한다. 이 때문에 태양광과 풍력은 인위적인 출력 조절이 불가능해, 필요할 때 전기를 안정적으로 공급하기 어렵다. 그림 17은 2023년 1월 독일의 사례로, 재생에너지의 간헐성을 잘 보여준다. 당시 독일의 재생에너지 설비용량은 약 132GW였지만, 실제 발전량은 2GW에서 50GW까지 감소하며 크게 요동쳤다. 독일은 이러한 간헐성을 보완하기 위해 예비 발전량을 조절하고 인접국과 전기를 계속 주고받아야 했다.

독일이 그림 17에 나오는 바람과 태양광이 미미한 기간(둥켈플라우테, Dunkelflaute)의 전력 공백을 배터리로만 메우려면, 약 15TWh의 전력을 미리 저장해두어야 하며 여기에는 2,000~4,000조 원의 재원이 필요하다.[39] 현실적으로 이웃 나라나 화석연료의 도움 없이는 독일의 전력망 유지가 사실상 불가능하다는 의미이다.

'에너지 섬'이면서 수력발전 자원이 부족한 우리나라는 재생에너지의 간헐성에 대응하기 위해 즉각적인 가동이 가능한 LNG 발전에 의존할 수밖에 없다. 그러나 LNG 발전은 비싸고, 석탄 발전의 60%에 달하는 이산화탄소를 배출하며, 재생에너지 간헐성을 백업하기 위해 가동과 정지를 자주 반복하다 보면 발전 효율이 더 떨어지는 문제도 있다. 배터리, 수소, 양수발전 등 다양한 ESS를 활용할 수도 있지만, 이러한 ESS는 설치비용이 매우 비싸다. 양수발전소는 입지에 한계가 있고 건설에 장기간이 소요된다. 향후 ESS가 재생에너지 확대의 병목으로 작용할 것이므로 대대적인 연구개발이 필요하다.

---

39. kWh당 14~24만 원 기준 (우드매킨지 2025)
40. Energy Chart, https://www.energy-charts.info

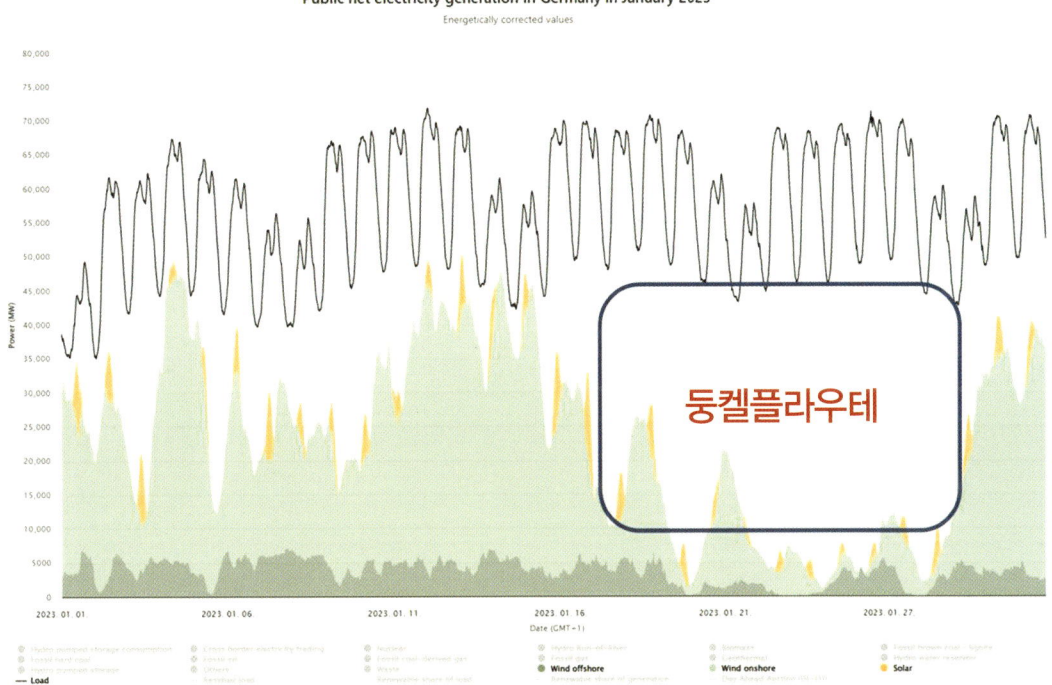

그림 17 재생에너지 간헐성 사례 : 2023년 1월 독일의 둥켈플라우테 현상[40]

재생에너지의 가장 큰 문제는 간헐성이다.
간헐성은 밤낮과 날씨에 따라 발전량이 불규칙하게 변하는 특성을 말한다.
이를 해결하기 위해 대규모 에너지저장시스템(ESS)이 필요하다.

3.4 에너지의 진짜 가격, 시스템 균등화 발전단가(System LCOE)

에너지 비용을 비교할 때 흔히 쓰이는 '균등화발전단가LCOE, Levelized Cost of Electricity'는 발전소의 전 생애주기 비용을 총 전력 생산량으로 나눈 값이다. 그러나 대부분의 LCOE 계산에는 태양광·풍력 발전의 간헐성을 보완하기 위한 고가의 예비 설비비용이 반영되지 않는다. 이러한 비용은 계통수용비용, 또는 계통통합비용이라고 하고, 그림 18처럼 이러한 비용 요인이 포함된 LCOE를 '시스템 균등화발전비용Levelized Full System Cost of Electricity, LFSCOE'이라 한다. System LCOE를 비교하는 경우 세계적으로도 태양광과 풍력은 다른 대부분의 발전 방식보다 비싸진다. 이 기준에서 원자력은 가장 저렴한 청정에너지다.

우리나라 경우에는 단순 LCOE 비교에서도 원자력은 태양광 및 풍력보다 경제적이다. IEA의 LCOE 계산[41]에 따르면, kWh당 원자력은 75원, 대규모 태양광은 140원, 해상풍력은 225원이다. 여기에 전력망 안정화, 예비 발전, 에너지 저장 등에 필요한 시스템 비용을 더하면 태양광과 풍력의 실제 비용은 더욱 비싸진다. 2024년 우리나라 전력시장 정산단가는 kWh당 원자력 66원, 가스 175원, 신재생 208원이었다. 여기서 원자력 단가에는 원전 해체, 사고 보험, 사용후핵연료 관리·처분 비용 등 모든 사후처리비용이 포함된 것이다. 신재생에너지 단가에는 보조금인 재생에너지인증서REC 비용이 포함되어 있고 계통수용비용은 포함되지 않은 것이다.

태양광과 풍력은 간헐성이 크기 때문에, 전기를 생산하는 데 드는 비용보다 생산된 전기를 안정적으로 공급하는 데 필요한 비용이 훨씬 많이 든다. 특히 전력망에서 이들의 비중이 높아질수록 단위당 비용은 더욱 빠르게 증가한다. 태양광과 풍력이 연료비 없이 '공짜'로 전기를 만들어도, 그 전기를 안정적으로 쓸 수 있게 하는 비용은 결코 공짜가 아니다. 앞에서도 언급했듯이, 재생에너지 확대를 위해서는 대규모 ESS를 저비용으로 구축하는 것이 반드시 필요하다.

---

41. International Energy Agency, https://www.iea.org/data-and-statistics/data-tools/levelised-cost-of-electricity-calculator
42. https://advisoranalyst.com/wp-content/uploads/2023/05/bofa-the-ric-report-the-nuclear-necessity-20230509.pdf

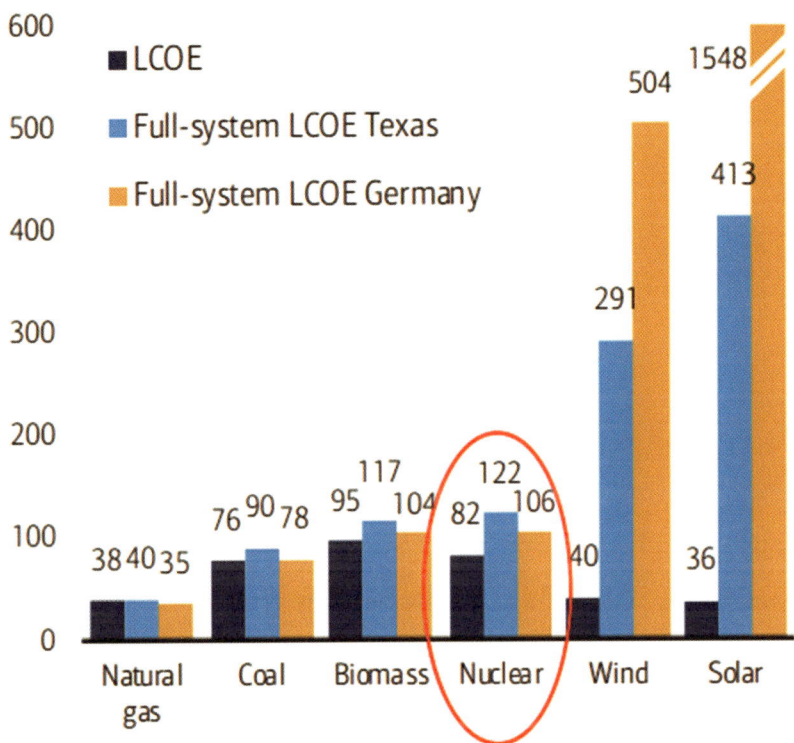

그림 18 발전원별 LCOE와 시스템 LCOE (BofA Global Research 자료) (단위: USD/MWh)[42]

에너지원을 비교할 때는 우리가 사용할 만한 전기로 공급하는 데 드는
총비용(시스템 LCOE)을 고려해야 한다.

3.5 원자력 발전의 탄소중립 기여도

원자력은 대용량 무탄소 에너지원이다. 원자력 발전의 전 생애주기 이산화탄소 배출량(12g/kWh)은 육상풍력(11g/kWh)과 함께 가장 낮은 수준이다[43]. 그림 19의 2023년 세계 무탄소 발전원별 발전량을 보면, 2023년 원자력은 수력에 이어 두 번째로 많은 무탄소 전력을 공급했으며, 이는 풍력과 태양광보다 각각 20%, 70% 더 많은 양이다. 전 세계 원전은 화석연료 발전을 대체하며 연간 15억 톤의 이산화탄소 배출을 막고 있다. 그림 20처럼, 1971년부터 2022년까지 원자력의 누적 이산화탄소 감축 효과는 688억 톤에 달하며, 같은 기간 우리나라에서는 원전 가동으로 31억 톤의 배출을 줄였다.

현재 우리나라에서 발전 비중이 가장 큰 무탄소 에너지원은 원자력이다. 앞으로 **'탄소중립'을 위해 줄여야 할 석탄과 LNG 발전을 경제적으로 대체할 가장 현실적인 대안 역시 원자력이다.** 또한, 재생에너지의 간헐성으로 인해 발생하는 막대한 간접 비용 문제를 해결할 가장 경제적이고 효과적인 방안도 원자력이다. 그동안 원자력은 출력 조절이 어려워 재생에너지와 공존할 수 없다는 비판을 받아왔다. 그러나 프랑스 원전처럼 부하추종Load-follow 운전 기술[44]을 도입하면 석탄 발전처럼 유연하게 운전할 수 있고 재생에너지의 간헐성을 보완하는 데 활용할 수 있다.

우리나라는 원자력 없이 '탄소중립' 목표를 경제적으로 달성하기 어렵다. 따라서 국가 전력망의 안정성을 유지하면서 재생에너지의 탄소중립 기여도를 극대화하려면, 원자력과 재생에너지가 공존하는 최적의 에너지 믹스를 찾아야 한다.

> 우리나라는 원자력 없이 '탄소중립' 목표를
> 경제적으로 달성하기 어렵다.

---

[43]. IPCC, Climate Change 2014
[44]. 전기 수요에 맞춰 발전량을 조절하면서 원전을 운영하는 기술을 말함.
[45]. IEA, The Path to a New Era for Nuclear Energy, 2025.
[46]. IEA, CO2 emissions avoided by nuclear by country or region, 1971-2022, 2023.

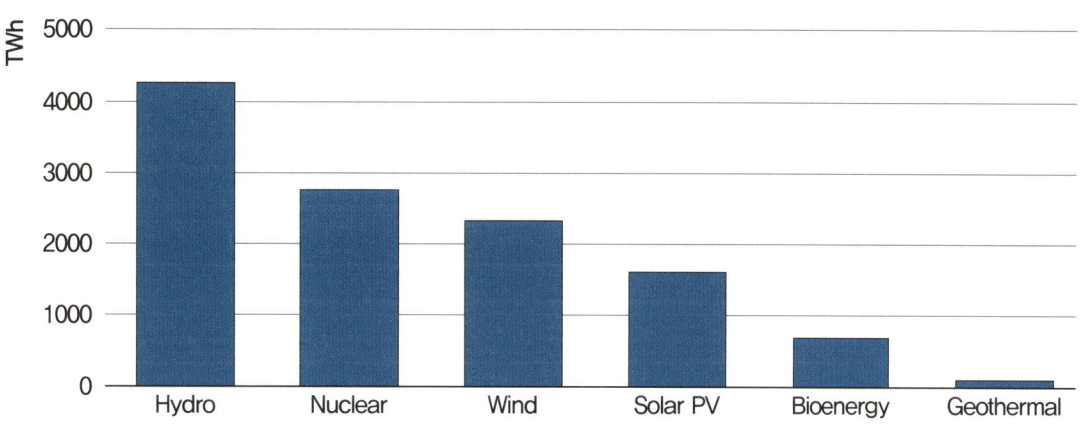

그림 19 세계 무탄소 발전원별 발전량(2023년) 비교(IEA 자료) [45]

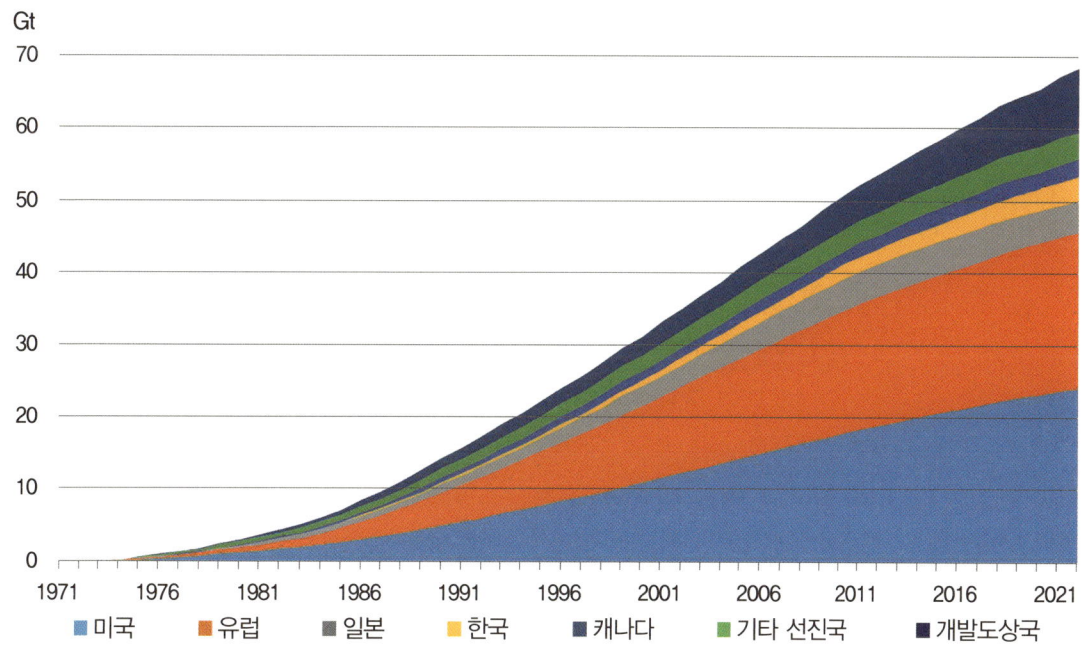

그림 20 원자력 발전에 의한 이산화탄소 배출 누적 감소량(IEA 자료) [46]

3.6 AI 데이터센터를 위한 에너지

인공지능AI의 전력 소비는 막대하다. AI 모델 하나가 자기학습을 하는 데 최대 300MWh의 전력이 필요[47]하며, 이는 전기요금으로 약 500억 원에 달한다. 현재 건설 중인 가장 큰 데이터센터는 200만 가구, 발표된 최대 규모의 데이터센터는 500만 가구가 사용하는 전력량 수준의 전력을 필요로 한다. 이는 서울시 전체 사용량과 맞먹는 양이다.

이러한 데이터센터의 전력 수요는 규모가 클 뿐만 아니라, 두 가지의 또 다른 특징을 보인다. 첫째는 지역 편중이다. 데이터센터는 대도시나 전략적으로 중요한 위치에 클러스터 형태로 자리잡는다.(그림 21) 예를 들어, 미국의 데이터센터는 워싱턴과 뉴욕에 위치하고 유럽과 통신이 연결되는 미국 동북부 해안 지역에 편중되어 있다. 대부분의 빅테크 데이터센터는 북부 버지니아에 있다. 이 때문에 이들 지역은 5~10년 안에 현재 사용하는 전력량에 맞먹는 수요가 새롭게 폭증하는 심각한 문제가 발생한다. 우리나라 역시 좁은 지역에 집중되는 대규모 전력 수요를 어떻게 공급할 것인지가 중요한 과제다. 둘째는 24시간 지속되는 수요다. 데이터센터는 기본적인 역할 수행을 위해 24시간 중단 없이 가동되어야 한다. 따라서 **데이터센터의 전력 수요는 '대규모', '지역적 편중', '24시간 지속'이라는 세 가지 특징으로 요약할 수 있으며**, 이에 안정적으로 대응할 수 있는 공급 방안이 필요하다.

> **AI 데이터센터가 필요로 하는 24시간 안정적인 대규모 전력 공급 방안이 필요하다.**

---

47. AI 모델에 따라 전력소비량이 다를 수 있음.
48. International Energy Agency, Energy and AI 2025

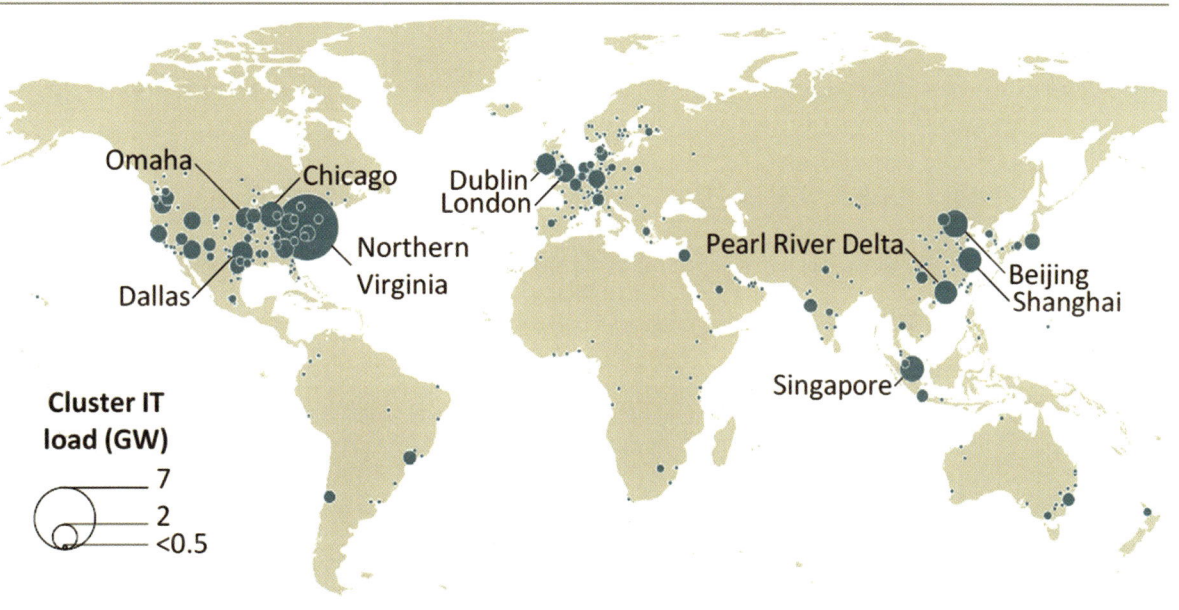

그림 21 AI 데이터센터에 의해 발생하는 집중적인 전력 수요(IEA 자료)[48]

3.7 최적의 에너지 믹스

에너지 공급은 안정성(안보), 청정성(환경), 경제성이라는 세 가지 목표를 동시에 추구한다. 이 모두를 만족하는 단일 에너지원은 찾기 어렵다. 따라서 여러 에너지원을 조합한 '에너지 믹스'를 통해 최적의 에너지 포트폴리오를 구축한다.

각국은 자국의 환경, 산업, 지정학적 여건을 고려해 최적의 에너지 믹스를 구성한다. 수력이 풍부한 국가는 이를 기저 전력으로 활용하고, 전력망이 연결된 국가는 이웃과 전력을 교류하며 안정성을 높인다. 간헐성 재생에너지인 태양광과 풍력은 이러한 조건, 즉 풍부한 수력이나 원자력 같은 안정적인 기반이 있거나, 전력이 남거나 부족할 때 교류할 이웃 국가가 있을 때 효과적으로 확대할 수 있다. 해가 지고 바람이 불지 않을 때, 이 안정적인 전력원들이나 이웃 국가의 전력으로 공백을 메워야 하기 때문이다.

하지만 우리나라는 수력 및 양수발전 비중이 1~2%로 미미하고, 전력을 교류할 이웃 나라가 없는 '에너지 섬'이다. 따라서 우리나라는 원자력을 안정적인 기반으로 삼고 재생에너지와 ESS를 함께 활용하는 에너지 믹스를 구축해야 한다. 그리고 재생에너지 확대를 위해 저비용의 ESS 개발에 노력을 다해야 한다.

그동안 재생에너지를 강조해 온 빅테크 기업들조차 2050년까지 원자력 발전 용량 3배 확대를 지지하고 나선 점은 주목할 만하다(그림 22). 이는 간헐성이 없는 대규모 무탄소 전력원이 필요하며 현실적으로 증설 가능한 대안이 원자력임을 인정했다는 의미이다. 우리나라 역시 2050년까지 원자력 발전 용량을 현재의 3배 수준으로 확대해, 발전 비중을 약 50%까지 높일 필요가 있다. 우리나라는 1990년대 초 원자력 발전 비중 50%를 달성한 경험이 이미 있다.

| 49. https://netzeronuclear.org/news/major-global-companies-pledge-historic-support-to-triple-nuclear-energy

그림 22   2050년 원자력발전용량 3배 확대를 지지한 기업들[49]

안보, 환경, 경제를 모두 고려한 에너지 믹스가 필요하다.

수력이 부족하고, 주변국과 전력망 연결이 없는 우리나라는
원자력 확대가 꼭 필요하다.

3.8 무탄소 에너지 지원제도 구축

RE100Renewable Electricity 100%은 기업이 사용하는 전력의 100%를 재생에너지로 충당하자는 세계적인 캠페인이다. 그러나 신재생에너지 공급인증서REC 구매와 같이, 새로운 재생에너지 발전량 증대에 직접적인 기여를 하지 못하는 방식 등 실질적인 온실가스 감축 효과는 제한적이라는 비판을 받는다. 이 때문에 '그린워싱Greenwashing' 논란이 있으며, 국내 기업에게는 REC 구매 비용 부담이나 생산기지 해외 이전과 같은 현실적인 문제점을 안겨주고 있다.

이러한 RE100의 한계를 보완할 대안으로 '무탄소 에너지Carbon Free Energy, CFE' 캠페인이 주목을 받고 있다 (표 1). '24/7 CFE'는 UN Energy 등이 주도하고 구글, 마이크로소프트 등이 참여하는 캠페인으로, 24시간 365일 사용되는 모든 전력을 원자력과 수소를 포함한 모든 무탄소 에너지원으로 직접 공급하는 것을 목표로 한다. 이는 전력 시스템의 완전한 탈탄소화를 지향한다.

무탄소 에너지 체제의 핵심은 재생에너지와 원자력이 전력시장에서 동등하게 경쟁하는 환경을 조성하는 것이다. 이를 통해 기업들은 시장에서 재생에너지뿐만 아니라 원자력으로 생산한 무탄소 전력도 자유롭게 구매할 수 있게 된다. 이는 결국 원전 산업에 대한 민간 투자를 촉진하고, 나아가 국내 제조업의 경쟁력을 높이는 결과로 이어질 것이다.

> **무탄소 에너지 체제의 핵심은 재생에너지와 원자력이 전력시장에서 동등하게 경쟁하는 환경을 만드는 것이다.**

표 1 RE100과 무탄소 에너지 체제 비교

항목		글로벌 RE100	한국형 RE100	CFE 체제
목적 및 전략		목적: 탄소 배출감축 전략: 재생에너지 확대		목적: 탄소 배출감축 전략: 전력망 탈탄소화
인정 에너지원		바이오매스, 지열, 태양광, 풍력, 수력, 그린수소		모든 청정에너지원
참여 대상		연 100GWh 이상 소비기업 + Fortune 선정 1,000대 기업	소비전력에 제한 없음. 기업, 공공기관, 지자체 등 누구나 참여 가능	제한 없음(예상)
이행 목표		50년까지 100% 이행 30년 60%, 40년 90% 설정 권고		50년까지 100% 이행 목표설정 권고(예상)
이행	원칙	없음		기술 중립성, 동시성, 추가성, 지역성, 전력망 탈탄소화 기여 극대화
	수단	인증서 구매, PPA, 자가설비, 전력사와 녹색전력구매계약	REC 구매, 녹색 프리미엄, 제삼자 PPA, 지분 참여, 자가설비	발전계약연동 EAC (단기) 시간 단위 매칭이 가능한 수단 (중장기) (예상)
인증 절차		RE100 인증 6대 원칙 준수 여부를 공인기관이 확인 인증	K-RE100 관리시스템에 사용 실적 등록 및 사용확인서 발급	공인기관
보고 체제		연 1회 CDP에 실적 보고		
활용		글로벌 RE100 선언 및 홍보	홍보, 온실감축 및 글로벌 RE100 실적 활용	스마트그리드 확산, 홍보 (예상)

3.9 2050 탄소중립과 AI 시대를 위한 에너지 정책 수립 시 유의사항

현재 134개국이 2050년 탄소중립을 선언했고, 우리나라도 기후위기 대응을 위한 「탄소중립·녹색성장 기본법」을 통해 이를 국가 비전으로 확정했다. 각국은 자국의 실정에 맞춰 에너지 믹스를 구성하고 있다. 에너지 자원 빈국인 우리나라는 AI 시대를 대비해 '안정적인 에너지 공급'을 최우선 가치로 삼아야 한다. **탄소중립은 우리나라 주력 산업의 기반을 흔드는 방식이 아니라, 산업 경쟁력을 한 단계 더 도약시키는 계기가 되어야 한다.** 이를 위해 향후 에너지 정책은 다음 세 가지 원칙을 고려해야 한다.

첫째, **AI 시대와 탄소중립을 넘어 에너지 강국을 지향하는 전원 정책을 수립해야 한다.** 우리나라는 세계 최고 수준의 원전 산업 생태계를 바탕으로, 원자력과 신재생에너지를 조화롭게 활용할 수 있는 몇 안 되는 국가다. 불확실한 미래 기술이나 과도한 해외 의존에 기댄 비현실적인 계획이 아니라, 우리의 강점을 활용해 에너지 안보를 지키고 에너지 강국으로 도약하는 현실적인 정책이 필요하다.

둘째, 이념이나 신념이 아닌 과학기술과 객관적 사실을 기반으로 **에너지 정책을 수립해야 한다.** 이를 위해 에너지 정책 수립 과정에 에너지, 환경 등 다양한 분야의 전문가와 이해관계자가 참여해야 한다. 특히 에너지 정책은 산업에 막대한 영향을 미치므로, 산업계 대표의 참여는 필수적이다. 이 과정에서 사회적 비용을 최소화하는 방안 모색도 함께 이루어져야 한다.

셋째, **세계적인 에너지 전환 흐름 속에서 에너지 기술 수출국으로 도약해야 한다.** 소형모듈원자로SMR를 포함한 세계 신규 원전 시장은 2050년까지 3배 이상 성장할 전망이다. 독보적인 경쟁력을 갖춘 우리 원전 산업을 차세대 수출 동력으로 육성하기 위한 적극적인 정책 지원이 필요하다.

탄소중립을 위한 에너지전환은
우리나라 주력 산업의 기반을 흔드는 방식이 아니라,
산업 경쟁력을 한 단계 더 도약시키는 계기가 되어야 한다.

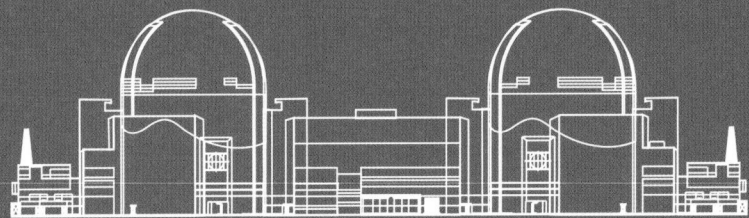

부록

원자력 팩트 체크

A1. 우리나라에는 원자력이 꼭 필요하다는데 사실인가?

A2. 원자력 르네상스가 다시 온다는데 사실인가?

A3. 소형모듈원자로(Small Modular Reactor, SMR) 개발이 세계적인 흐름인가?

A4. 우리나라의 원자력산업은 경쟁력이 있나?

A5. 원전 추가 수출이 가능한가?

A6. 원자력 발전은 안전한가?

A7. 우리나라 원전은 안전한가?

A8. 후쿠시마·체르노빌 원전 사고는 왜 발생했나?

A9. 사용후핵연료가 아주 많다던데 사실인가?

A10. 사용후핵연료 처분 기술이 없다는데 사실인가?

A1 우리나라에는 원자력이 꼭 필요하다는데 사실인가?

우리나라는 에너지 자원 빈국이지만 세계 8위의 에너지 사용 대국이며 전력 사용량은 세계 6위에 달한다.[50] 제조업 비중이 높은 산업 구조 때문에 1인당 에너지 사용량은 10대 에너지 소비국 중에서도 3위일 정도로 많다. 그런데 에너지원의 94%를 수입에 의존하므로 우리나라 경제는 에너지 가격을 좌우하는 국제 정세에 매우 민감할 수밖에 없다.

원자력은 재생에너지와 함께 에너지 자급률을 높일 수 있는 가장 효과적인 에너지원이다. 물론 원전 연료인 우라늄은 수입해야 한다. 하지만 원자력 발전단가에서 우라늄 비용이 차지하는 비중은 약 7%, 핵연료 제조 비용 등을 포함한 전체 연료비 비중도 발전 원가의 11% 수준에 불과해 LNG 등 다른 발전원에 비해 연료비 비중이 현저히 낮다(그림 A1 참조). 나머지 89%는 국내 기술로 감당하므로 원자력은 준(準)국산 에너지라 할 수 있다. 또한 원자력은 연료 소요량이 극히 적어 비축이 용이하다. 원전 1기의 5년치 연료를 저장하는 데 $20m^2$(4m×5m) 정도의 작은 면적이면 충분하다. 따라서 원자력은 국제 정세 변화에 따른 발전비용 변동이 적어 우리나라 에너지 안보의 핵심적 역할을 한다.

원전은 건설비가 비싸지만 한 번 건설하면 60년 이상 쓸 수 있고 연료비 비중이 낮아 발전비용은 다른 발전원보다 월등히 저렴하다. 2024년 킬로와트시(kWh)당 전력시장 정산단가는 원자력이 66원, LNG는 약 175원, 태양광은 보조금을 포함해 약 208원 수준이다. LNG는 비싸지만 전력 수요 변화에 신속히 대응하기 위해 필요하고, 석탄 발전을 대체하기 위해 태양광과 풍력 발전도 늘려야 하는 상황에서 원자력은 우리나라의 평균 발전비용을 낮게 유지하는 데 크게 기여한다. 한편, 일반의 오해와 달리 원전은 안전성이 매우 높은 에너지원이다(A6 참조). 특히 우리나라 원전은 지난 고리 1호기 가동 이후 47년간 4.6조kWh가 넘는 전력을 생산하며 우리나라 전체 전력의 ⅓ 가량을 공급했음에도 단 한 명의 인명사고 없이 안전하게 운영되어 왔다.

전 세계가 2050년 탄소중립을 추구하고 있다. 이를 실현하려면 화석연료 에너지 중심의 에너지원을 무탄소 에너지원으로 전환해야 한다. 대표적인 무탄소 에너지원은 재생에너지(태양광, 풍력, 수력)와 원자력

---

50. https://tips.energy.or.kr/statistics/statistics_view0901.do
51. 전력거래소 전력통계정보시스템 (2025년 5월 자료)

이다. 그런데 우리나라의 수력 자원은 매우 빈약해 현실적으로 활용 가능한 에너지원은 태양광, 풍력, 원자력뿐이다. 우리나라는 세계 최고 수준의 원자력 기술력과 가격 경쟁력을 갖추고 있어 그 어느 나라보다 저비용으로 안전하게 원자력 전기를 공급할 수 있다. 반면 태양광과 풍력은 넓은 면적이 필요하고 간헐성을 극복하기 위해 고가의 ESS를 함께 운영해야 한다. 이 때문에 미래에 태양광 발전 비용이 크게 하락하더라도 총 비용은 원자력보다 두 배 이상 비쌀 것으로 예상된다. 따라서 원자력은 우리나라 에너지 환경에 가장 적합한 무탄소 에너지원이라 할 수 있다.

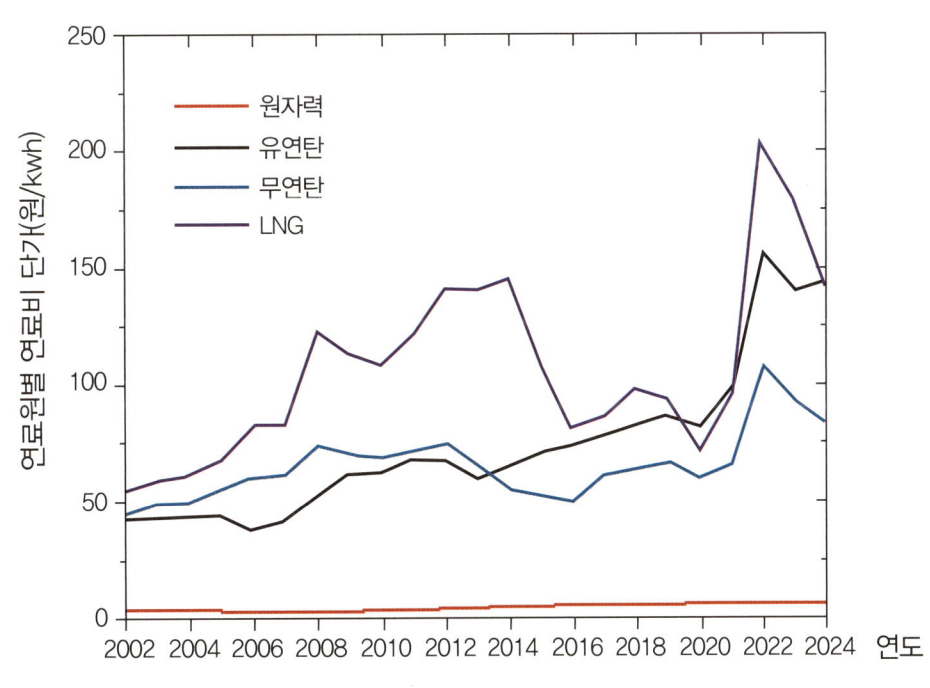

그림 A1 우리나라 연료원별 연료비 단가 (원/kWh)[51]

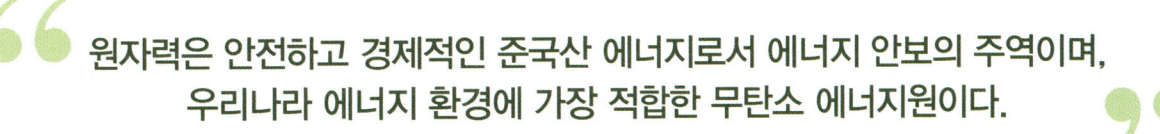

> " 원자력은 안전하고 경제적인 준국산 에너지로서 에너지 안보의 주역이며,
> 우리나라 에너지 환경에 가장 적합한 무탄소 에너지원이다. "

A2 원자력 르네상스가 다시 온다는데 **사실인가?**

2025년 기준, 전 세계에서 410기(총 설비용량 398GW)의 원전이 운영 중이며 63기가 신규 건설 중이다(그림 A2 참조). 최근 원자력은 탄소중립과 기후대응뿐만 아니라 데이터센터의 안정적인 전력 공급원으로서 그 가치가 재조명되고 있다. 2022년 유럽연합EU '지속 가능한 녹색분류체계EU Taxonomy'에 원자력 발전을 일정한 조건을 전제로 포함시켰다.[52] 또한 2023년 COP28에서는 25개국이 2050년까지 원자력에너지를 기존의 3배로 확대하겠다는 공동 선언을 채택했고, 2024년 COP29에서는 6개국이 추가로 합류해 총 31개국으로 늘었다.[53] 이처럼 최근 독일을 제외한 세계 주요국들은 원자력을 다시 확대하는 추세다(A5 참조).

원자력 르네상스를 이끄는 새로운 축 중 하나는 AI 산업이다. AI 모델의 자기학습과 서비스 제공에 필수적인 데이터센터는 대규모의 안정적인 전력 공급을 필요로 한다. 이에 구글은 2024년 미국의 카이로스 파워Kairos Power가 개발 중인 차세대 원전의 전력을 구매하는 장기 계약을 맺었고[54], 마이크로소프트는 영구 정지됐던 스리마일섬Three Mile Island 원전 1호기를 재가동시켜 향후 20년간 생산되는 전력을 전량 구매하기로 계약했다.[55, 56] 영구 정지됐던 원전을 되살리는 것은 전례 없는 일이며, 이는 AI 산업에 안정적인 전력 공급이 얼마나 중요한지를 보여주는 단적인 사례다.

러시아-우크라이나 전쟁 이후 에너지 안보 측면에서도 원자력은 주요 에너지원으로 더욱 각광 받고 있다. 미국은 2025년 트럼프 대통령의 행정명령을 통해, 약 100GW 규모인 원전 설비용량을 2050년까지 400GW로 확대하겠다는 목표를 세우고[57] 규제 완화 및 차세대 원전 건설 촉진 정책을 시행하고 있다. 유럽 최초의 탈원전 국가였던 이탈리아도 2024년 7월 원자력 재도입을 위한 법안을 승인했다.[58]

이처럼 기후위기 대응, 4차 산업혁명 시대의 막대한 전력 수요, 국제 정세에 따른 에너지 안보 우려가 맞물리면서, 전 세계적으로 원자력 르네상스 시대가 도래하고 있다.

---

52. https://www.reuters.com/business/sustainable-business/eu-parliament-vote-green-gas-nuclear-rules-2022-07-06/#:~:text=Sign%20up%20here
53. https://world-nuclear.org/news-and-media/press-statements/cop29-in-baku-a-landmark-event-for-the-global-nuclear-industry
54. https://www.ans.org/news/article-6476/google-and-kairos-power-partner-on-500-mw-advanced-nuclear-project/
55. https://www.world-nuclear-news.org/articles/constellation-to-restart-three-mile-island-unit-powering-microsoft#:~:text=Image%3A%20Share%20on%20socials

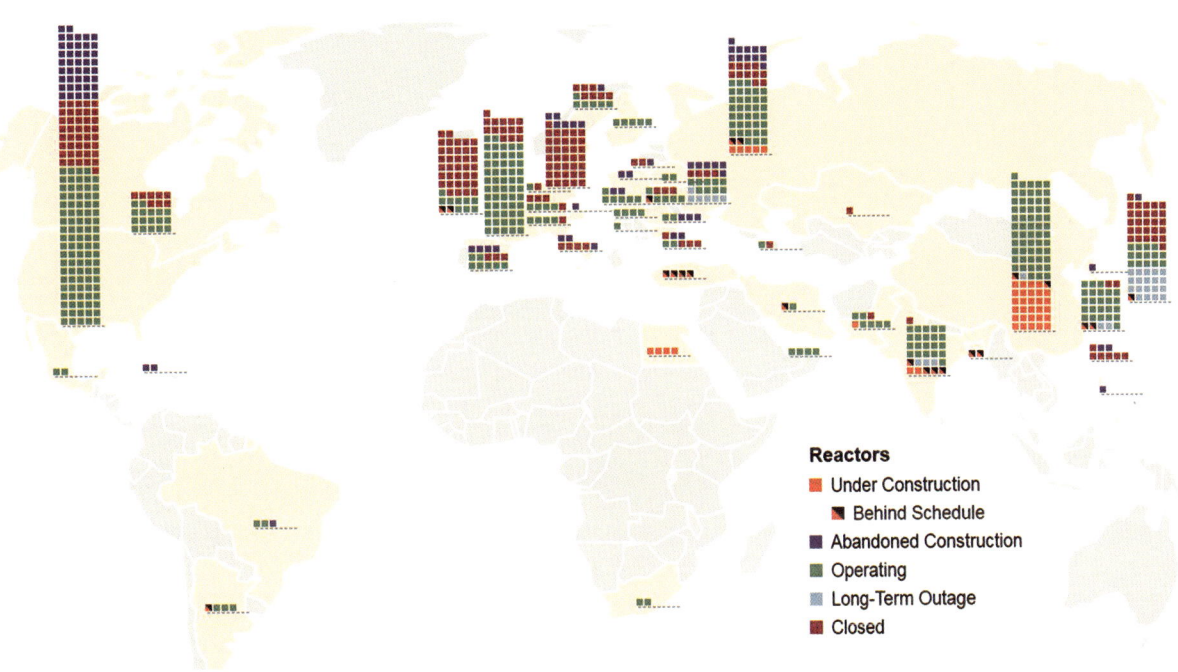

그림 A2 세계 원전 현황(2025.5.18. 기준)[59]

> 제29차 유엔기후변화협약 당사국 회의에서 전 세계 31개국이
> 2050년까지 원자력에너지를 기존의 3배로 확대하겠다는 공동 선언을 채택했다.
>
> 미국은 약 100GW 규모인 원전 설비용량을 2050년까지 400GW로 확대하기로 했다.
> 유럽의 여러 나라도 원자력을 확대 혹은 재도입할 계획이다.

---

56. https://cbiz.chosun.com/svc/bulletin/bulletin_art.html?contid=2025060402604
57. https://www.world-nuclear-news.org/articles/trump-sets-out-aim-to-quadruple-us-nuclear-capacity#:~:text=The%20aim%C2%A0is%20to%20increase%20US,designs%20under%20construction%20by%202030
58. https://www.world-nuclear-news.org/articles/cabinet-moves-to-reverse-italys-anti-nuclear-stance#:~:text=Italy%27s%20Council%20of%20Ministers%20has,following%20a%20referendum%20in%201987
59. https://www.worldnuclearreport.org/reactors.html#tab=iso;)

A3 소형모듈원자로 Small Modular Reactor, SMR 개발이 세계적인 흐름인가?

최근 원전 선진국들은 SMR 시장을 선점하기 위해 치열한 경쟁을 벌이고 있으며, 현재 전 세계적으로 총 80여 종의 SMR이 개발 중이다(그림 A3 참조). SMR이란 주요 기기를 모듈화해 공장에서 제작할 수 있는 출력 300 MWe 이하의 소형원자로를 말한다. SMR은 전기 생산 외에도 공정열 공급, 수소 생산, 선박 추진 동력, 우주 개발 등 다방면으로 활용이 가능하다(그림 A4 참조).

2035년까지 SMR을 통해 전 세계 65~85GW 규모의 화석연료 대체 시장이 열릴 것으로 전망된다. 이는 300MWe급 SMR 약 280기에 해당하는 규모다.

SMR의 가장 큰 장점으로 뛰어난 안전성이 꼽힌다. 원자로 출력이 작으면 원자로 정지 후에 발생하는 붕괴열 Decay heat도 그만큼 줄어든다. 이 때문에 특별한 안전장치 없이 자연적인 대류 현상 등을 이용한 피동냉각 Passive Cooling이 가능해, 중대사고 발생 가능성을 실질적으로 배제할 수 있다. 이는 대형 자동차 엔진에는 냉각장치가 필수적이지만, 소형 오토바이 엔진은 공기만으로도 냉각이 가능한 것과 비슷한 원리다.

SMR이 기존 대형 원전에 비해 경제성이 떨어진다는 평가도 있지만, 공장 제작과 현장 조립 방식을 통해, 건설 비용을 절감하고 공사 기간 지연의 위험을 줄일 수 있어 대형 원전과의 경제성 차이를 줄일 수 있다. SMR은 단위 규모가 작아 초기 투자 부담을 낮춰 재원 조달을 용이하게 한다. 또한, 여러 개의 모듈을 한 부지에 배치하여 운전을 효율화하고, 유연한 운전으로 전력 수요 변동에 대응함으로써 고비용의 LNG 발전을 대체할 수 있다. 아울러 부대설비와 운전 인력을 최소화할 수 있는 장점이 있다.

> " SMR은 전기 생산뿐만 아니라 공정열과 수소 생산,
> 선박추진 동력, 우주 개발 등에 다양하게 활용 가능하다.
> 원전 선진국들은 SMR 시장 선점을 위한 각축전을 벌이고 있다. "

60. 이종희 et al., 원자력 정책 BRIEF REPORT, vol. 2, 2023. 자료 편집(IAEA Advanced in Small Modular Reactor Tecvhnology Developments, 2022)
61. National Nuclear Laboratory (UK), "Small Modular Reactors (SMR) Feasibility Study", 2016.

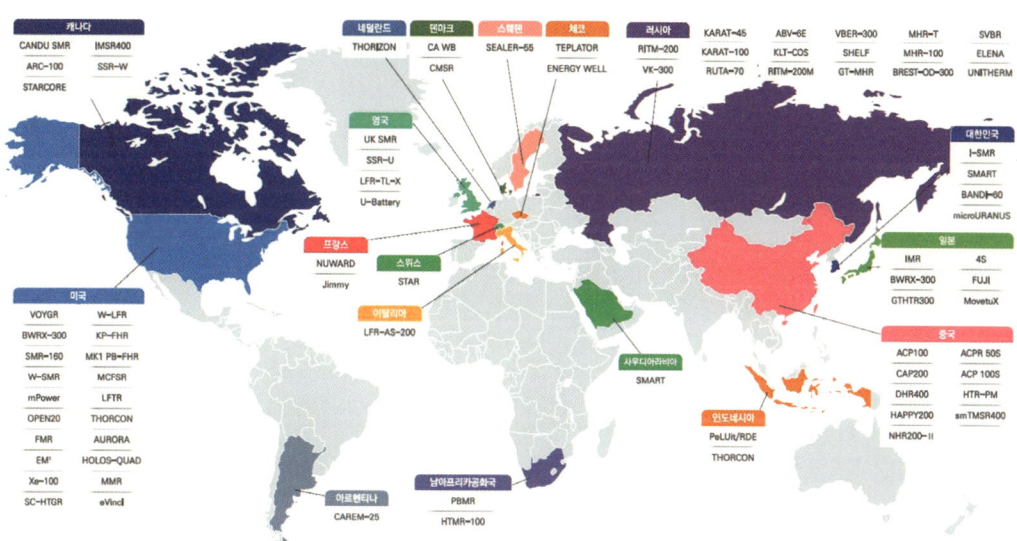

그림 A3　전 세계 SMR 개발 현황[60]

노후 석탄화력발전 교체　　중공업에 쓰이는 고온증기

해수 담수화　　수소 생산

광산 지역　　도시 및 오지 지역

그림 A4　SMR의 활용 분야[61]

A4 우리나라의 원자력산업은 경쟁력이 있나?

우리나라는 2009년 아랍에미리트UAE에 원전 4기를 수출하며 미국, 프랑스, 캐나다, 러시아에 이어 세계 다섯 번째 원전 수출국이 되었다. 이는 지난 40여 년간 꾸준히 원전을 건설하고 기술 개발을 병행한 결과로 세계 최고 수준의 기술을 확보할 수 있었다.

우리나라 원전 산업의 경쟁력은 원자력 발전 정산단가와 원전 건설단가에서 명확히 드러난다. 그림 A5는 2024년 에너지원별 전력시장 정산단가를 보여주는데, 원자력은 다른 모든 발전원보다 현저히 낮다. 더구나 이 정산단가에는 원전의 사용후핵연료 관리비용과 해체비용 등 사후처리비용이 포함되어 있다. 세계원자력협회 자료(그림 A6)를 보면, 우리나라의 원전 건설단가는 프랑스의 45%, 미국의 61% 수준에 불과하다. 2025년 6월에 확정된 25조 원 규모 체코 원전 수주 역시 이러한 압도적 경쟁력 덕분이다.

> **우리나라 원자력 산업계는 선진국 원전과 동등한 수준의 안전성을 갖춘
> 대형 원전을 선진국 가격의 절반으로 건설할 수 있는 우수한 역량을 갖추고 있다.**

62. https://kosis.kr/statHtml/statHtml.do?sso=ok&returnurl=https%3A%2F%2Fkosis.kr%3A443%2FstatHtml%2FstatHtml.do%3Ftblld%3DTX_38804_A016%26orgld%3D388%26
63. https://epsis.kpx.or.kr/epsisnew/selectEkmaUpsBftChart.do?menuId=040701

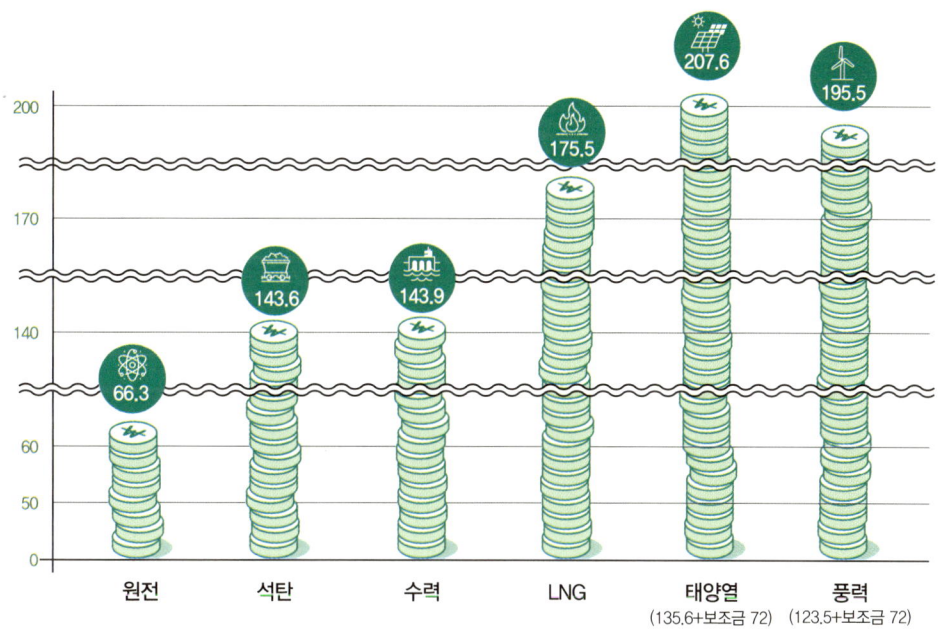

그림 A5 2024년 기준 우리나라 연료원별 전력거래 정산단가 (원/kWh) [62, 63]

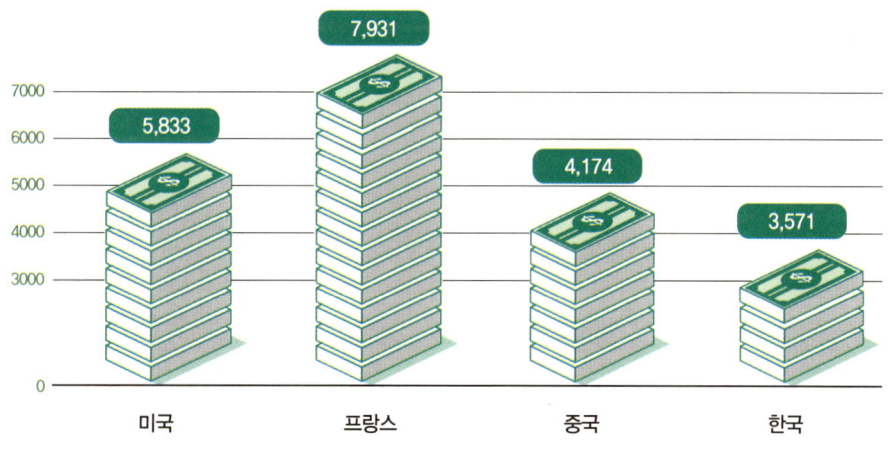

그림 A6 세계원자력협회(WNA) 2021년 발표 기준 건설단가($/kW)

A5 원전 추가 수출이 가능한가?

2024년 '세계 에너지 전망World Energy Outlook' 보고서에 따르면, '2050 탄소중립'을 달성하기 위해 전 세계 대형 원전 설비용량은 2023년 416GW에서 2050년 1,017GW로 두 배 이상 증가해야 한다. 이는 약 600GW의 신규 원전 건설이 필요하다는 의미다.

2024년 현재 세계적으로 건설 계획이 추진 중인 원전은 86기, 검토 중인 원전은 344기에 달한다(표 A2 참조). 특히, UAE, 벨라루스, 방글라데시, 터키와 같은 신생 원전 도입국이 늘고 있으며, 동유럽, 영국, 사우디아라비아 등 여러 국가가 신규 원전 건설을 적극적으로 추진하거나 검토 중이다.

미국 에너지부U.S. DOE는 2020년 보고서[64]에서 2030년까지의 세계 원전 시장을 5,000억~7,400억 달러(570조~840조 원) 규모로 추산하고, 자국 기업의 수주를 적극 지원하고 있다. 이는 세계 원전 시장에서 영향력을 키우는 러시아와 중국을 견제하고 핵비확산 체제를 유지하려는 안보적 판단이 더해진 결과다. 그 결과 미국은 루마니아, 불가리아, 폴란드, 우크라이나 등과 원전 도입 관련 계약을 잇달아 체결했다.

그러나 현재 미국의 원자력 산업기반은 주요 설비를 자력으로 공급하기 어렵고 건설단가도 높다. 반면 우리나라는 세계 최고의 기술력과 설비 공급망, UAE 원전 4기의 성공적인 건설 경험을 통해 세계적으로 기술역량을 입증했다. 우리나라 고유 원전인 APR1400과 APR1000은 우수한 안전성과 가격 경쟁력을 갖춘 것으로 평가받는다. 이러한 경쟁력을 바탕으로 2025년 6월 우리나라는 체코에 APR1000 2기를 수출하는 25조 원 규모의 원전 건설사업 계약자로 선정됐다. 이러한 배경에서 미국은 우리나라와 원전 동맹을 맺고 해외 원전 시장에 공동 진출하기로 합의했으며, 이에 따라 한미 양국은 경쟁자이자 동반자 관계가 되었다.

따라서 우리나라는 미국이 수출을 추진하는 국가에는 미국형 원전의 주요 설비 공급 및 건설을 통해 공동 진출을 모색할 수 있다.

---

64. U.S. DOE, "Restoring America's Competitive Nuclear Energy Advantage", April 23, 2020

표 A2 건설 계획 또는 건설제안 중인 전세계 원전 수
(국가원자력정책제안서, 한국원자력학회, 2025.5)

국가	건설 계획 중	건설 제안 중	국가	건설 계획 중	건설 제안 중
중국	36	158	헝가리	2	0
러시아	14	36	불가리아	2	0
인도	12	28	아르헨티나	1	1
폴란드	3	26	사우디아라비아	0	2
미국	0	13	남아공	0	2
캐나다	2	9	방글라데시	0	2
우크라이나	2	7	UAE	0	2
일본	1	8	멕시코	0	2
루마니아	2	6	네덜란드	0	2
이란	2	6	우즈베키스탄	0	2
터키	0	8	아르메니아	0	1
브라질	0	8	카자흐스탄	0	1
프랑스	0	6	슬로바키아	0	1
영국	2	2	슬로베니아	0	1
체코	1	3	가나	0	1
한국	2	0			
스웨덴	2	0	**합계**	86	344

우리나라는 한·미 원전 동맹을 통해
전 세계 원자력 시장에 공동 진출을 모색할 수 있다.

A6 원자력 발전은 안전한가?

우리나라 원전(가압경수로 23기, 가압중수로 3기)의 누적 가동 연수는 약 690년이고, 전 세계 동일 노형의 누적 가동 연수는 약 15,400년에 달한다. 그동안 우리나라가 주력 노형으로 채택한 가압경수로와 가압중수로에서 전 세계적으로 인명 사고가 발생한 사례는 없다.

1986년 체르노빌과 2011년 후쿠시마 원전 사고는 전 세계에 큰 충격을 주었다. 그러나 이들 사고 원전의 노형은 우리나라가 운영하는 가압경수로와 가압중수로CANDU와는 설계 특성이 전혀 다르다. 전 세계적으로 가압경수로에서 발생한 중대 사고는 1979년 미국의 스리마일섬 원전 2호기 Three Mile Island, TMI-2 사고가 유일하다. TMI-2 사고는 체르노빌과 후쿠시마와 달리 원전 외부로 방사성 물질이 전혀 누출되지 않았다. 그림 A7은 사고 발생 4일 후, 별다른 보호장비 없이 원자로 제어실을 방문한 당시 지미 카터 대통령의 모습을 보여준다. 우리나라 원전처럼 TMI 원전에 설치된 크고 견고한 격납 건물이 방사성 물질 누출을 막았기 때문이다.

2012년 6월 10일, 미국 포브스Forbes[65]지가 여러 발전원의 위험도 연구 결과를 종합한 기사를 게재했다. 이와 유사한 결과는 'Our World in Data'에서도 찾아볼 수 있다. 그림 A8은 1TWh의 전력을 생산할 때 사고나 대기 오염 등으로 발생하는 사망자 수를 보여주며, 이는 원자력이 인류가 사용하는 에너지원 중 가장 안전한 에너지원 중 하나임을 입증한다.

다만, 과거의 안전이 미래의 안전을 보장하지는 않는다. 원전 주요 설비의 노후화 및 환경 변화를 지속적으로 관찰하고, 잠재적인 위험 요인을 면밀하게 탐색해 선제적으로 제거하는 노력은 계속되어야 한다.

> 우리나라가 주력 노형으로 채택한 가압경수로와 가압중수로에서
> 전 세계적으로 인명 사고가 발생한 사례는 없다.
>
> 여러 발전원의 위험도를 비교해 보면, 원자력은 여러 에너지원 중
> 가장 안전한 에너지원 중 하나임을 알 수 있다.

---

65. James Conca, "How Deadly Is Your Kilowatt? We Rank The Killer Energy Sources", Forbes, 2012.06.10.
66. https://ourworldindata.org/grapher/death-rates-from-energy-production-per-twh

출처: New York Times, Associated Press, 2019.5.8

그림 A7 TMI-2 원전 사고 4일 후 원자로 제어실을 방문한 카터 대통령

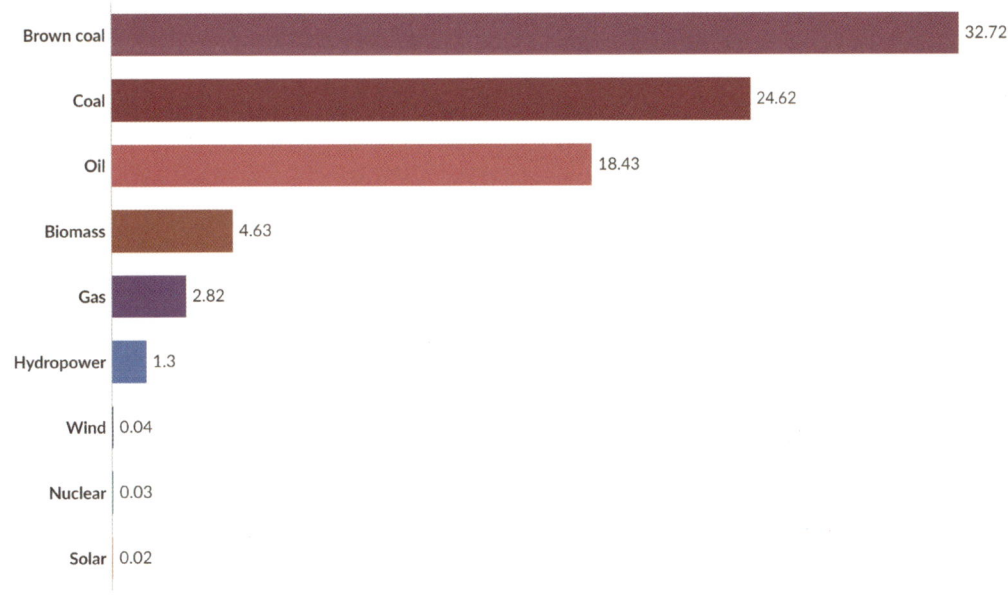

그림 A8 1TWh 전력생산당 사고나 대기오염 등으로 인한 사망자의 수[66]

A7 우리나라 원전은 안전한가?

우리나라 원전의 안전성은 크게 세 가지 관점에서 설명할 수 있다.

첫째, 원자로형의 안전성이다. 우리나라의 주력 노형인 가압경수로와 가압중수로는 국내에서 약 690년, 전 세계적으로는 약 15,400년의 누적 가동기간 동안 방사선 피폭으로 인한 인명 사고가 단 한 건도 없었다. 이 원자로들은 고유의 설계 안전성이 우수할 뿐만 아니라, 매우 견고한 격납 건물을 갖추고 있어 최악의 사고 시에도 방사성 물질의 대량 유출을 막을 수 있다.

둘째, 세계 최고 수준의 운영 기술이다. 우리나라는 다른 나라에 비해 사건·사고 빈도가 현저히 낮으며, 지금까지 방사능 누출 사고가 단 한 건도 없었다. 또한 세계에서 가장 낮은 수준의 불시정지 비율 등 이러한 기술력은 각종 통계 자료를 통해 국제적으로도 입증되었다.

셋째, 원전 안전에 유리한 자연환경이다. 우리나라는 일본 등과 비교해 대형 사고를 유발할 만한 극한의 자연재해가 거의 발생하지 않는다. 특히 지진에 관해서는 비교적 안전한 지대에 속한다(그림 A9 참조). 참고로 첨성대(서기 600년대 건설)와 다보탑(서기 700년대)은 건설 이후 2016년 9월의 경주 대지진을 포함해 지금까지 한 번도 지진으로 무너진 적이 없으며, 석가탑(서기 700년대)은 고려 초에 발생한 지진 때문에 두 차례 보수된 적이 있다고 한다.

이 정도의 지진 규모는 일본의 지진과 비교할 바가 아니다. 후쿠시마 원전 사고의 직접적 원인은 규모 9.1의 대지진이 유발한 쓰나미였다. 지진 유발 쓰나미의 파고는 진앙지 바다가 깊을수록 높아지는데, 태평양(일본의 동해안)에 비해 우리나라 동해는 수심이 얕아 후쿠시마 원전 사고 때처럼 높은 쓰나미가 발생할 수 없다. 태평양에서 발생하는 쓰나미는 일본 열도가 자연 방파제 역할을 하여 한반도에 거의 영향을 미치지 못한다.

한편, 원전이 특정 부지에 밀집된 것에 대한 우려도 있다. 그러나 원전이 밀집된 사례는 우리나라뿐만 아니라 캐나다의 브루스 8기와 피커링 8기, 일본의 카시와자키 카리와 7기, 중국의 진산 지역 9기, 프랑스 그라벨랭 6기 등 해외에도 다수 있다. 또한 원전 사고는 인접한 원전으로 번지지 않도록 설계되므로, 밀집 자체가 문제가 되는 것은 아니다. 우리 원전과 같은 설계의 미국 TMI-2호기 사고 당시 바로 옆의 TMI-1호기는 전혀 영향을 받지 않고 이후 40년간 아무 문제 없이 가동되었다. 심지어 체르노

---

67. https://www.bosai.go.jp/e/index.html

빌 원전 부지에는 원자로 4기가 있었지만 1기에서만 사고가 발생했고 나머지 3기로 사고가 확산하지 않았다.

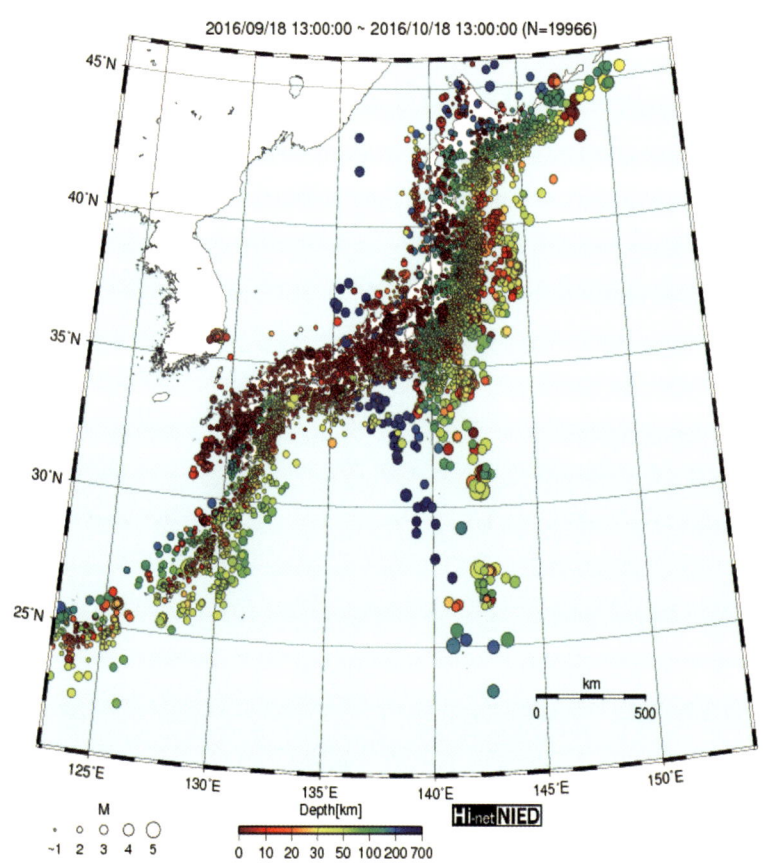

그림 A9 2016년 경주지진 이후 1개월간 일본과 한반도 지진 발생 현황 비교[67]
(원의 크기는 지진 규모를 나타내며, 색은 진원지 깊이를 나타냄)

> 가압경수로와 가압중수로 원전의 누적 가동 기간은
> 우리나라에서 약 690년, 전 세계에서 약 15,400년에 이르며,
> 이 기간 방사선 피폭으로 인한 인명 사고는 단 한 건도 발생하지 않았다.

A8 후쿠시마·체르노빌 원전 사고는 왜 발생했나?

후쿠시마 원전 사고는 2011년 3월 11일 규모 9.1의 동일본 대지진이 유발한 쓰나미로 인해 발생하였다. 대지진 후 40~50분이 지나 14~15m 파고의 대형 쓰나미가 덮치면서 원전의 전기 공급 시설이 파손되었다. 이로 인해 당시 운전 중이던 3기의 원자로가 냉각 기능을 상실하면서 핵연료가 대량 용융되었고, 세 차례의 수소폭발[68]로 방사성 물질이 대량 방출되었다(체르노빌 원전 사고의 20% 수준). 이 사고로 10만여 명의 지역 주민이 대피했으며, 비록 방사선 피폭으로 인한 직접적인 사망자는 없었으나, 장기간의 대피 과정에서 주민들은 큰 고통을 겪었다.

이 사고는 발전소 부지를 예상 쓰나미 높이보다 현저히 낮게 설계한 결함과 예측을 뛰어넘는 천재지변이 겹친 결과로 평가된다. 실제로 후쿠시마 원전보다 진앙에 더 가까웠던 오나가와 원전이나 비슷한 규모의 쓰나미를 겪은 도카이 원전은, 높은 부지와 해안 방벽 덕분에 피해를 보지 않았다. 결국 부지와 쓰나미 방벽의 높이가 원전의 운명을 가른 것이다. 이는 역설적으로, 잠재적 재난에 철저히 대비한 원전은 유례없는 대지진에도 안전할 수 있다는 것을 보여준다.

체르노빌 원전 사고는 1986년 4월 26일, 전원공급이 상실된 상황에서 비상전원이 들어오기 전까지 터빈의 관성력으로 얼마 동안 전력을 공급할 수 있는지 실험하던 중 발생했다. 이 실험 중 운전원은 운전 규정을 위반하여 안전장치를 해제하고 원자로 제어봉을 무리하게 조작하였다. 이런 위험한 조작이 체르노빌 원전의 근본적인 설계 결함과 결합하면서, 통제 불능의 핵분열 반응이 일어나 원자로와 건물이 파손되었다. 그 결과 방사성 물질이 외부로 대량 방출되었다. 사고 초기 폭발 등으로 3명이, 이후 급성 방사선 피폭으로 28명이 사고 후 수개월 내에 사망했다. 또한, 방사성 요오드 오염으로 6,000건 이상의 갑상선암이 발생해 그중 15명이 사망했다.[69] 이 사고는 원천적인 설계 결함과 규정을 무시한 운전 조작이 결합된 명백한 인재로, 우리나라를 비롯한 서방의 원전에서는 발생할 수 없는 유형의 사고다. 이 사고 이후 원전 운영 과정에서 안전을 최우선으로 두는 '안전문화'가 세계적으로 제도화되었다.

---

68. 원전 사고 시 핵연료봉의 온도가 매우 높아지면 핵연료를 둘러싼 피복재와 고온의 수증기가 반응하여 상당한 양의 수소가스가 생성될 수 있음. 이로 인한 수소가스 폭발은 산업 현장에서 간혹 발생하는 수소가스 폭발과 같은 현상으로, 수소폭탄의 폭발과는 전혀 다름.
69. https://www.unscear.org/unscear/en/publications/2008_2.html

> 후쿠시마 원전 사고는 2011년 3월 11일 규모 9.1의
> 동일본 대지진으로 유발된 쓰나미로 인해 발생하였다.
>
> 후쿠시마 원전 인근의 오나가와 원전과 도카이 원전은
> 높은 부지와 해안 방벽 덕분에 대지진에도 불구하고 피해를 입지 않았다.
> 역설적으로 잠재적 재난에 잘 대비한 원전은
> 유례없는 대지진에도 안전하다는 것을 보여주었다.

A9 사용후핵연료가 아주 많다던데 사실인가?

우라늄(U-235) 1g이 석탄 3톤에 해당하는 에너지를 생산한다는 것은, 같은 양의 전력을 생산할 때 발생하는 사용후핵연료의 양이 석탄재 등 화석연료 폐기물의 양에 비해 극히 적다는 것을 의미한다.

1950년대 후반 원자력 발전이 상용화된 이후, 미국의 100여 개 원전에서 발생한 사용후핵연료의 총량(전 세계 총량의 약 20%)은 미식축구장 하나의 면적(가로 110m, 세로 50m)에 9m 높이로 쌓을 수 있는 양에 불과하다.[70] 1990년부터 운영 중인 스위스의 Zwilag 중간저장시설은 길이 68m, 너비 41m, 높이 20m의 규모로, 적재중량 135톤의 사용후핵연료 저장용기 200여 개를 저장할 수 있다. 미국 Connecticut Yankee 원전은 1967년부터 30년간 운영한 후 영구 정지되었는데, 30년간 배출된 사용후핵연료 전부를 가로 21.3m, 세로 65.9m 크기의 소규모 부지에 안전하게 저장하고 있다(그림 A10 참조).

사용후핵연료 관리의 어려움은 발생량이 많아서가 아니라, 관리 기간이 길다는 점에 있다. 사용후핵연료에는 우라늄 핵이 분열될 때 생성된 다양한 방사성 핵종을 포함하고 있다. 따라서 이 방사성 물질들이 사용후핵연료 외부로 유출되지 않도록 장기간 안전하게 격리하는 것이 사용후핵연료 관리의 핵심이다.

**1950년대 후반 원자력 발전이 처음 상용화된 이후,
미국에서 발생한 사용후핵연료의 총량(전 세계 총량의 약 20%)은
미식축구장 하나의 면적에 9m 높이로 쌓은 양밖에 되지 않는다.**

---

70. https://www.nei.org/fundamentals/used-fuel
71. https://www.zwilag.ch/en/operation-_content---1--1021.html
72. https://www.connyankee.com/html/fuel_storage.html

그림 A10 (위) 스위스 Zwilag 사용후핵연료 중간저장시설[71]
(아래) 미국 코네티컷 Yankee 원전 사용후핵연료 임시저장시설[72]

A10 사용후핵연료 처분 기술이 없다는데 사실인가?

사용후핵연료 안전관리의 최종 단계는 영구 처분이다. 미국과학한림원 National Academy of Sciences은 이미 1957년 심지층 처분을 가장 안전하고 신뢰할 수 있는 처분 방식으로 권고했다. 전 세계 처분 전문가들 역시 다양한 사용후핵연료 관리 방식 중 심지층 처분이 과학 기술적으로 가장 적합한 방식이라는 데 동의한다. 이에 따라 미국과 유럽 국가들은 1970년대 초부터 사용후핵연료 처분 연구개발을 진행해 왔다.

심지층 처분장은 원전처럼 여러 겹의 안전 방벽으로 둘러싸여 있다. 핀란드와 스웨덴은 지하 450~500m 깊이에 건설된 처분장의 건설 허가를 획득한 후 건설을 진행하고 있다(그림 A11 참조). 프랑스도 부지 선정을 마치고 건설 허가를 준비하고 있다. 핀란드는 세계 최초로 처분장 건설 허가를 받아 온칼로Onkalo 지역 지하 약 450m에 처분장을 건설하고 있으며, 2026년 운영을 앞두고 있다. 스웨덴은 2022년 1월, 포스마크Forsmark 부지를 확정하고 2030년대 중반 가동을 목표로 건설을 시작하였다. 프랑스는 파리 동쪽 뷔흐Bure 지역에 부지를 선정하고 현재 인허가 절차를 밟고 있다. 이러한 선진국의 사례는 심지층 처분의 안전성이 기술적으로 입증되었음을 보여준다.

우리나라도 1997년부터 심지층 처분 연구개발을 수행해 왔다. 심지층 처분 기술 자체는 충분히 성숙했지만, 나라마다 심부 지질 환경 특성이 달라서 이를 반영한 고유의 처분 시스템 개발이 필요하다. 우리나라는 2060년 이전에 국내 심부 지질 환경에 최적화된 최종 처분장을 건설하여 운영할 계획이다.

한편 우리나라는 원전 해체, 사용후핵연료 운반·저장·처분 등에 드는 모든 비용을 '사후처리비용'이라는 항목으로 전기요금에 포함해 꾸준히 적립하고 있다. 이는 원자력 발전의 혜택을 누린 현세대가 사용후핵연료 문제 해결에 필요한 재원까지 책임지기 위함이다. 따라서 사용후핵연료 문제를 미래 세대에 전가한다는 주장은 사실과 다르다.

---

73. Applied Geochemistry, Volume 131, 105045, 2021.
74. POSIVA, https://www.posiva.fi/en/

> 전 세계 처분 전문가들도 다양한 사용후핵연료 관리방식 중
> 심지층 처분이 과학 기술적으로 가장 적합한 방식이라는 데 동의하고 있다.
>
> 핀란드는 가장 먼저 온칼로(Onkalo) 지역 지하 약 450m에 위치한
> 사용후핵연료 처분장을 건설하여 2026년에 운영을 앞두고 있다.

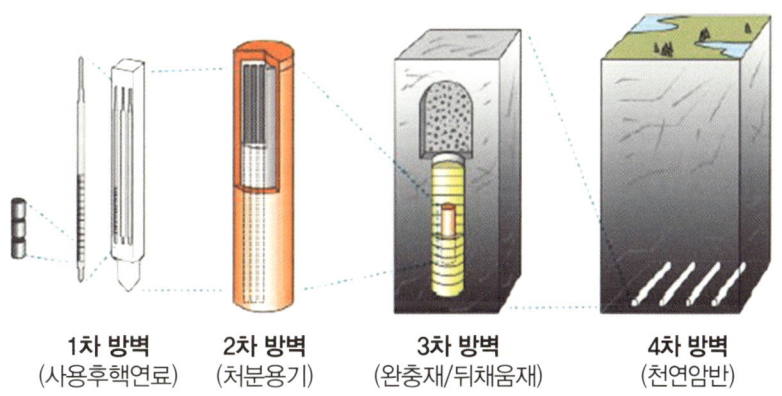

그림 A11 (위) 사용후핵연료 심지층 처분장 다중방벽 시스템[73]
(아래) 핀란드의 심지층 처분장 개념도[74]